I0399621

www.ingramcontent.com/pod-product-compliance
Lightning Source LLC
Chambersburg PA
CBHW050237120526
44590CB00016B/2125
9781778198212

بيت التوحيد.. بيت العرب

Author/Publisher
Khaled Homaidan

Toronto – Canada

Reference # CMC27/22

Phone: 1.647.977.6677 – 1.647.242.0242

E-Mail: cmcmedia@rogers.com

المجموعة الكاملة

(2)

بيت التوحيد

منشورات خالد حميدان
تورنتو – كندا
الطبعة الثانية – 2022

خالد حميدان

بيت التوحيد
بيت العرب

Author: Khaled Homaidan — المؤلف: خالد حميدان

Publisher: Khaled Homaidan
              khaled.homaidan@gmail.com

Address: 58 Pinecrest St. Markham ON, L6E 1C2 Canada

Title: المجموعة الكاملة (2) بيت التوحيد

Language: Arabic

Reference #: CMC27/22

ISBN: 978-1-778198212

تصميم الغلاف والإخراج للمؤلف

*****

طبعة ثانية منقحة ومضاف إليها

جميع الحقوق محفوظة للمؤلف

All rights reserved © Khaled Homaidan 2022

Phone: 1.647.242.0242

E-Mail: khaled.homaidan@gmail.com

المقدمة

كان يوم 28 آذار 1998 يوماً مميزاً لدى الجالية الدرزية في تورنتو حيث تم فيه الافتتاح الرسمي للبيت الدرزي، رعاه صاحب السعادة الدكتور عاصم جابر، سفير لبنان آنذاك وعميد السلك الدبلوماسي العربي في كندا.

حضر حفلة الافتتاح سعادة الدكتور هشام حمدان مستشار بعثة لبنان الدائمة لدى الأمم المتحدة قادماً من نيويورك وفضيلة الشيخ حسن عز الدين معتمد مشيخة عقل الطائفة الدرزية قادماً من مونتريال، القنصل الفخري اللبناني في تورنتو الأستاذ ناظم القادري والقنصل الفخري السوري الأستاذ ياسر الخردجي، النائب دافيد بوشي (اللبناني الأصل) ممثلاً مايك هاريس رئيس حكومة أونتاريو، النائب الفدرالي سركيس أسادوريان، نائب منطقة سكاربورو الغربية جيم براون، النائبة ماريان بويد، النائب هاورد هامبتن رئيس حزب الديمقراطيين الجدد في أونتاريو، رئيسة بلدية تورنتو السابقة السيدة برباره هول وممثلون عن الأحزاب الرئيسية الثلاثة ومندوبون عن المؤسسات اللبنانية والعربية في تورنتو وعدد من أعضاء الجمعيات الدرزية في كل من مونتريال وأوتاوا وإدمنتن. كما حضر عدد من الاعلاميين العرب ومنهم الأستاذ علاء الطاهر (عرب ستار)، الأستاذ صلاح

علام (أخبار العرب)، الأستاذ جورج منصور (المرآة)، الأستاذ رشدي الباشا (الملتقى)، الأستاذ نجيب بجاني (مواهب) والسيدة سارة الأحمدية مندوبة جريدة الملف (بيروت)، إلى جانب عدد كبير من الضيوف والأصدقاء جاءوا ليشاركوا الجالية الدرزية فرحتها في هذا اليوم العظيم.

وقد تزامن افتتاح بيت التوحيد مع مشاركتي المتواضعة في رئاسة تحرير مجلة "الصفاء" الصادرة عن الجمعية الدرزية الكندية، حيث عملت مع بعض الأصدقاء على التغطية الاعلامية لنشاطات الجمعية والبيت الدرزي على امتداد فترة من الزمن. وكذلك نشرت من كتاباتي – في أعداد متلاحقة من المجلة – بعض المقالات والمداخلات ذات العلاقة المباشرة بطائفة الموحدين (الدروز) في المعتقد والعادات والتقاليد والأحوال الشخصية، حيث ألقيت بعض الأضواء على حقائق تاريخية واجتماعية وقانونية واجتهادية، مستنداً في ذلك إلى مراجع معتمدة وثابتة في صلب العقيدة التوحيدية وأصول المحاكمات المذهبية.

ولما كنت قد اعتمدت، لدى كتابتي لهذه المجموعة من المقالات، على أسلوب مبسط ليتسنى فهم مضمونها من قبل كل راغب في المطالعة والاطلاع.

وحيث أنني أحرص على توفير هذه المقالات في مكتبة الجمعية الدرزية الكندية في تورنتو.

لذلك، رأيت من الأنسب والأفضل جمع هذه المقالات والدراسات وضمها في كتيب واحد حفاظاً عليها من الاندثار بالدرجة الأولى، ووضع الكتاب بالتالي في عهدة البيت الدرزي، دون أن يفوتني التنويه بالدعم المعنوي الكبير الذي لاقيته من الكثيرين من أبناء الجالية الكريمة وتشجيعهم لهذه الخطوة.

فإلى جميع الأصدقاء من أبناء الجالية الدرزية الكندية وسائر الجاليات العربية في تورنتو، أقدم كتابي المتواضع هذا عربون محبة وتقدير.. وإلى بيت التوحيد – بيت العرب، أصدق التمنيات بالتقدم والازدهار..

خالد حميدان

وسقطت كل الرهانات..

1997/11/24

يعيش أبناء الجالية الدرزية في تورنتو هذه الأيام، نشوة الحلم الذي أصبح حقيقة بعد أن طال بهم الانتظار في محاولات متعددة لإيجاد مركز جامع للجالية، وفي تحد للرهانات التي كانت تقوم من حولهم دون تحقيق هذا الانجاز الحيوي الرائع..

والانسان يتطلع دائماً إلى تحقيق أحلامه، ويكتشف بعد أن يحصل على الشيء الذي كان يسعى إليه، أنه لم يكن صعب المنال، ولكن كان يلزمه الخطوة المحكمة.. فكما أن وثبة قاضية تفصل بين الانكسار والانتصار ودرجة واحدة تقف بين الفشل والنجاح، هكذا هو الحال بين صغائر الأمور وعظائمها. فالفرق يكمن في حركة بسيطة واحدة أو اعتلاء درجة واحدة ليكتسب العمل صفة العظمة او التفوق.. وهذا الفرق ليس بقوة نستعيرها أو صلاة نتلوها فتتحقق العجيبة، بل أنه في القول الفصل الذي هو أمضى من القوة وفعل العجائب.. والقول الفصل يتجلى بالارادة والارادة بالقرار.

وتحقق الحلم بفضل القرار الحاسم.. قرار التخلي عن الفشل والارتقاء إلى النجاح.. قرار عزل الانكسار والسير في ركب الانتصار.. قرار الخروج من الظلمة إلى وضح النهار..

بوركت جميع السواعد التي امتدت لتقيم البناء وإعلاء شأن من فيه.. إنه الوسام الذي يعلق اليوم على صدر كل من ساهم في هذا الانجاز الرائع وجعل من الحلم حقيقة واقعة، وقد استحق بجدارة وصف الإمام علي ابن أبي طالب (رضي الله عنه) عندما قال: "إن لله رجالاً إذا أرادوا أراد"..

فقد تحقق الحلم وسقطت كل الرهانات..

بيت التوحيد.. بيت لكل العرب..!

1997/11/24

في الخامس والعشرين من شهر آذار سنة 1950 أقامت جمعية الاسعاف الخيرية الدرزية في قاعة تابعة لدار الأيتام الاسلامية في بيروت مهرجاناً خطابياً حاشداً بالخطباء والوافدين والحضور. وكان عنوان المهرجان "في سبيل الدار" حيث أن إنشاء دار للدروز في بيروت كان من أهم أهداف الجمعية وإليه دعت منذ تأسيسها، والى الاعلان عنه والتعريف به كانت حفلة الخامس والعشرين من آذار.

أما السبب الرئيسي لإقامة الحفلة في دار الأيتام الاسلامية أنه لم يكن للدروز بيت في بيروت، عاصمة لبنان وملتقى الثقافات والاثنيات المختلفة في وقت كانت تدعو الحاجة الملحة لكي يكون لهم دار تجمعهم لإقامة حفلاتهم واجتماعاتهم، للتذاكر في أحوالهم والتدارس في مواقفهم ومصيرهم فضلاً عن أن قيام البيت له الأثر الكبير والقوة البالغة في جمع الشمل وإنعاش الروح وتوجيه الجماعة لما يحفظ الكرامة العامة ويحقق المنطلق – الأساس للتعامل مع سائر الطوائف والعناصر الأخرى المكوّنة للمجتمع والتي تستقل جميعها بدورها ومؤسساتها العامة.

ونذكر هنا أن دار الطائفة الدرزية التي شيّدت في أواخر الخمسينات كانت من ثمار الغرسة التي زرعتها جمعية الاسعاف الخيرية الدرزية. أما الخطباء الذين شاركوا في هذا الاحتفال لم يكونوا من الدروز وحسب، نذكر منهم الأديب الكبير مارون عبود وأستاذ الفلسفة في كلية المقاصد الدكتور عمر فرّوخ والشاعر

الكبير محمد يوسف حمود، الذين أثنوا في كلماتهم على المآثر التي حفل بها لبنان في عهود التنوخيين والمعنيين والشهابيين. يقول عمر فرّوخ: "لا يستطيع أحد أن ينكر أن التاريخ على الشاطئ الشرقي من البحر الأبيض المتوسط في القرنين السابع عشر والثامن عشر كان يدور في لبنان، وأن تاريخ لبنان آنذاك كان تاريخ الدروز. ثم أن الدروز لم يتركوا مسرح التاريخ لا في القرن التاسع عشر ولا في القرن العشرين".

ويقول مارون عبود في الدروز: "ما رأيت فيهم أنا يجمله المثل اللبناني في الرجل الكريم: للسيف والضيف ولغدرات الزمان. إنهم يقدسون المعروف ولا يضيع عندهم مقدار حبة خردل من الجميل، فلا يستنكف أميرهم وكبيرهم من أن يهزّ يدك قائلاً: كيف حالك على الفضل؟ قولوا لي بربّكم، فمن لا يحاول منا بعد هذا أن يكون ذا فضل..؟"

ويشير الأستاذ عارف أبو شقرا رئيس جمعية الاسعاف الخيرية الدرزية في المناسبة إلى دور النادي في حياة بني معروف فيقول: "إذا كان النادي يعني بيتاً بنته الجماعة خصيصاً ليكون بمثابة أهل الحل والعقد ومكان الاجتماع، فالدروز من هذا القبيل ليس لهم ناد. أما إذا عنينا بالنادي أو الندوة على إطلاقها باعتبار أنها اجتماع القوم للتفاهم والتشاور والتعاون، فبنو معروف من هذا القبيل أغنياء بالأندية.. كل مجلس للعبادة كان نادياً.. كل دار من دور الوجهاء كانت نادياً للتذاكر والتشاور واتخاذ القرارات. كل مأتم من مآتم الدروز كان نادياً. حتى أن هناك أمكنة عامة عرفت تاريخياً بأندية الدروز إذا كان الاجتماع عاماً منها: مرج بعقلين وسهل السمقانية وعين السوق وغيرها".

ويخلص أبو شقرا إلى القول: "أتكون أيام الاقطاع والظلمة والأمية أفضل من أيام الاستقلال والنور، فيواجه الدروز مشكلات الاجتماع لتأبين ميت أو إقامة فرح أو تدارس أمر أو تقرير

موقف، فلا يجدون مكاناً حتى يطوفوا المدينة على القاعات يستسمحون أو يستأذنون أو يستأجرون؟ إن داراً للدروز تبنى في بيروت، تؤمّن كثيراً من مصالحنا الاجتماعية والعلمية والمذهبية وتكون وسيلة لاستبقاء ثقافتنا وكرامتنا".

*****

أردنا من خلال هذا العرض الموجز لأعمال جمعية الاسعاف الخيرية الدرزية "في سبيل الدار" أن نظهر أوجه التشابه بين التجربة التي قامت بها الجمعية في منتصف القرن العشرين في بيروت والتجربة التي تقوم بها الجمعية الدرزية الكندية في تورنتو في نهاية القرن العشرين.. فالعوامل التي تدفعنا إلى إنشاء البيت الدرزي أو بيت التوحيد، هي ذاتها لم تتغيّر والعراقيل التي نتعرّض لها هي ذات العراقيل التي واجهتها جمعية الاسعاف الخيرية في الخمسينات، من مؤيد داعم إلى متحفظ متريّث إلى رافض ومحارب في بعض الأحيان.

ولكن.. لن نفقد الأمل ولن نستسلم لليأس. إن دعم البيت الدرزي في تورنتو هو مسؤولية كل واحد فينا دون استثناء فلا يظنّن أحد أن من لم يشارك اليوم سيتخلى عن واجباته في الغد.. فإننا لا نزال في الخطوة الأولى والباب مفتوح للجميع. وإذا كان لنا أن نفرح اليوم بتدشين البيت فإن فرحنا سيكون أكبر في الغد حين ينضم إلى عتبته جميع أبناء الجالية في دعمهم المعنوي والمادي لأن الكرامة التي ستقطن هناك هي كرامة الجميع والحفاظ عليها هو أمانة في أعناق الجميع.

إن لنا آداباً عرفت بنا وعرفنا بها وعنوانها الحياة العزيزة الكريمة. هذه الآداب يجب أن تدرس وتعلم، فلا نقبل بأن تجرفها التيارات المنحدرة إلى مستنقعات الجهل والعدم..

إن في تقاليدنا مرونة وصلاحية لمماشاة كل جيل من الأجيال وفي كل مكان من بقاع الأرض.. فلا نريد أن نذوب في منحدرات التخلف والنسيان. نريد أن نحكم العقل فيما نسعى إليه لتطمئن الروح ويرتاح الضمير.

نريد أن نقف مع سائر العناصر المكوّنة للجاليات اللبنانية والعربية، نمد الأيدي إليها لنتصافح على الصفاء والمودة والتساوي. ولن يكون لنا ما نريد إلا إذا دعمنا البيت الذي سيضمنا اليه لنتدارس ونتشاور فيما نصبو إليه فنعمل على تحقيقه.. ولا يتوهمّن أحد أننا فيما نعمل، نسعى إلى بيت طائفي منغلق على ذاته.. بل إنه سعيٌ من أجل بناء بيت لمن لا بيتَ له، وتأكيد على أن "بيت التوحيد" في تورنتو هو بيت لكل العرب..!

بيت التوحيد في إدمنتن – ألبرتا
هو الآخر بيت العرب..

2005/9/5

قمت خلال الشهر الماضي بزيارة إلى مدينة إدمنتن في مقاطعة ألبرتا الكندية، لمدة أربعة أيام، بناءً على موعد كان قد حدد سابقاً مع رجل الأعمال الصديق وسيم قيس الذي كان يرأس الجمعية الدرزية في إدمنتن آنذاك. أما الغرض من الزيارة فكان لقضاء بعض الأعمال من جهة وزيارة بيت الدروز في المدينة من جهة ثانية، وكنا في تورنتو قد سمعنا الكثير عنه من حيث هندسة البناء واتساع الأرض التي تحيط به وأهمية موقعه بالنسبة للجاليات العربية على مختلف جنسياتها.

وكنا قد أعددنا لهذه الرحلة في وقت سابق في لقاء ضمني والسيد وسيم قيس رئيس الجمعية في مقاطعة "ألبرتا" والسيد وليد الأعور رئيس الجمعية في مقاطعة "أونتاريو"، خلال المؤتمر الدرزي الثالث، الذي انعقد في تورنتو في شهر أيار المنصرم من هذا العام. وكان قد تم الاتفاق بيننا على أن ننتقل إلى إدمنتن خلال فصل الصيف، وليد وأنا، لزيارة الأصدقاء والمساعدة ما أمكن، في إجراء التحضيرات الأولية للمؤتمر الدرزي الرابع المنوي عقده هناك للعام التالي 2006. غير أن لظروف طرأت في الساعة الأخيرة، لم يتمكن وليد من السفر.

استقبلني وسيم في المطار وانتقلنا مباشرة من هناك إلى منزله حيث كانت تنتظرنا السيدة ماغي زوجته وجمع من الأصدقاء

دعاهم وسيم إلى العشاء في تلك الليلة إحتفاءً "بالضيف الكريم". لقد سررت جداً بالطبع لهذه اللفتة الكريمة التي خصني بها وسيم وماغي وخاصة أنهما فاجآني خلال السهرة بحضور بعض من الأصدقاء لم ألتقيهم منذ أكثر من عشرين سنة وكان من بينهم الصديق عماد شهيب، الرئيس الحالي للجمعية الدرزية في ألبرتا والصديق سمير بليبل، رئيس الجامعة الثقافية اللبنانية في العالم – فرع ألبرتا، الذي أصر على دعوتنا إلى العشاء في اليوم التالي.

وفي صباح اليوم الثاني جاءني الأخ وسيم إلى الفندق واصطحبني بسيارته ليعرفني بالمدينة التي أزورها للمرة الأولى حيث توقفنا في عدة محطات كانت أولاها مكتب صحيفة أخبار العرب الكندية لصاحبها السيد فيصل عساف، وانتقلنا من هناك إلى المركز الدرزي الكندي (وهذا هو الاسم الرسمي) مقر الجمعية الدرزية الكندية في إدمنتن. إنه بناء لافت بجماله واتساعه إذ يحتوي إلى جانب الغرف المخصصة للإدارة، على قاعة واسعة للحفلات تتسع لأكثر من خمسماية شخص. وبعد أن تنقلنا في مختلف الأقسام، أخبرني وسيم عن أهمية هذا البيت فعرفت أنه المركز الذي تعتمده سائر مؤسسات الجالية العربية هناك لإقامة الحفلات والأعراس والمناسبات المختلفة. ويقول السيد وسيم: "لقد عملنا على ترميم وتجديد المركز بعد أن كثرت الطلبات عليه وأننا على مسافة قصيرة من تسديد ثمنه بالكامل. وأعتقد أن شراء هذا البيت كان مشروعاً إستثمارياً ناجحاً ليس بالنسبة للجالية الدرزية في إدمنتن وحسب، وإنما لجميع الجاليات العربية الأخرى التي ترتاح لإقامة حفلاتها ومناسباتها فيه". وعرفنا فيما بعد أن هذا المركز يساوي اليوم بعض الملايين من الدولارات.

أما المحطة الثالثة فكانت في مكتب الناشر السيد محمد نجم الدين الذي ألتقيه للمرة الأولى وكان الأخ وسيم قد حدثني عنه الكثير

وعن نجاحه الكبير في مجال النشر والإعلام. وللحقيقة كنت أنتظر اللقاء برجل في الخمسينات من عمره بحسب الوصف الذي قدمه لي وسيم وإذا بي أمام شاب يبدو وكأنه دون الأربعين. والمفارقة الحقيقية ليست هنا وإنما بالجواب الذي سمعته من محمد بعدما سألته عن عمره بطريقة غير مباشرة حيث قال: "سوف أبلغ الخامسة والعشرين من العمر خلال الشهر القادم". فنظرت إلى وسيم بعينين مفتوحتين من جراء المفاجأة وإذا به ينظر إليّ بذات العينين. كان لا بد من كسر الجليد بيننا بعد هذه المفاجأة "الصدمة" واسترسلنا بالحديث فعرفت من محمد أن شركته تنشر عشر مجلات منها أسبوعية ومنها شهرية وجميعها باللغة الانكليزية. وكل ما يحتاجه من أصحاب هذه المجلات هو المواد الكتابية أما الإعلانات والإخراج والطباعة فيتولاها بنفسه أو بواسطة الموظفين الذين يعملون لحسابه.

وعن كيفية اختياره لهذه المهنة الصعبة ونجاحه السريع في هذا المجال يقول محمد: "كنت أعمل لحساب دار للنشر، بدوام جزئي، يوم كنت طالباً في المدرسة الثانوية حتى بلوغي السابعة عشر. وقررت بعدها أن أترك المدرسة (أصلاً لم أحب المدرسة في يوم من الأيام) وأن أعمل لحسابي الشخصي في محاولة متواضعة تتلاءم والرأسمال الذي كان متوفراً لدي. ومن ثم استطعت أن أتقدم بفضل التضحيات والجهود الكبيرة التي بذلتها حتى وصلت إلى ما أنا عليه اليوم بفضل الله".. محمد نجم الدين هو شاب عصامي ومثال يقتدى يستحق كل ثناء وتقدير.

وفي اليوم الثالث كنا على موعد مع السيد يوسف (جو) عبد الحق، المستشار لدى حكومة ألبرتا. وجو هو صديق قديم وشخصية محببة للجميع، وكان وسيم قد أخبرني أنه مشغول في هذه الأيام بالتحضير لافتتاح مشروع جديد هو عبارة عن فرن ومطعم لبناني

ومحلات للمأكولات العربية. فقصدناه إلى مقر المشروع الجديد فوجدناه منهمكاً يتحدث إلى أكثر من شخص في آن معاً ثم يجوب المكان ذهاباً وإياباً ويوزع التعليمات على العاملين معه. فما أن رآنا حتى توقف عن الحركة ليسلم علينا بحرارة ويدعونا إلى الجلوس. وقبل أن يسمح له الظرف بالجلوس معنا دخل أحدهم إلى المحل وهو طويل القامة في مقتبل العمر عرفنا فيما بعد أنه وزير التعليم العالي في مقاطعة ألبرتا السيد ديف هانكوك وهو صديق جو الحميم. فهمّ جو لاستقباله ودعاه إلى الجلوس معنا فكانت فرصة لنا للتعارف والتحدث معه. وكان الوزير قد فاجأ جو بحضوره إلى هناك ليقدم له التهنئة بالمشروع الجديد.

وفي مساء ذات اليوم انتقلت برفقة وسيم وماغي، وكنا على موعد على العشاء في بيت صديقنا المشترك السيد نبيل شهيب الذي يقيم مع عائلته في مدينة صغيرة تقع على بعد ثلاثين كيلومتراً جنوب شرق إدمنتن تدعى "توفيلد". والجدير بالذكر أن نبيل شهيب يشغل منصب رئيس بلدية توفيلد منذ سنتين وقد فاز به بالتزكية. أما تفاصيل ذلك فيرويها لنا نبيل: "كنت أعمل في إدمنتن ولم أفكر مطلقاً بالانتقال إلى خارج المدينة وقلما تجد عرباً يسكنون في المدن الصغيرة أو القرى البعيدة. ففي عام 1999 عرض عليّ شراء مطعم في هذه المدينة (توفيلد) فجئت إلى هنا لأستكشف المنطقة وسير العمل في المطعم، فوجدت أن المدينة ليست ببعيدة نسبياً إذ يمكنك الانتقال إلى إدمنتن بأقل من 15 دقيقة ثم أن المطعم يحقق أرباحاً معقولة فاقتنعت بالفكرة وأتممت عملية الشراء وانتقلت مع العائلة إلى توفيلد".

ويضيف نبيل قائلاً: "لم يمض على وجودي سنة في المطعم حتى تعرفت على غالبية أهل المدينة وتعداد سكانها لا يتجاوز الألفين. فطلب مني البعض أن أترشح لمنصب رئاسة البلدية في ذلك

الوقت نظراً للخدمات التي كنت أقدمها لأهل المدينة وخاصة المسنين منهم على غير وارد العمل. استغربت الطلب في بادىء الأمر ثم نزلت عند رغبتهم. لكنني لم أوفق في المرة الأولى لعدة اعتبارات وكان الفرق بسيطاً في الأصوات بيني وبين الرئيس الذي فاز. أما في المرة الثانية عام 2004 وكانت العلاقة مع أهل المدينة قد تعززت أكثر، لم أجد من ينافسني على المركز ففزت بالتزكية. والحق يقال أن الجميع هنا متعاون معي بمن فيهم رئيس البلدية السابق، وهم يسهلون مهمتي لخدمة المدينة".

وفي السهرة الوداعية قبل العودة إلى تورنتو اختار وسيم وماغي أن يدعواني إلى مطعم راقٍ في أعلى برج في المدينة حيث أمضينا وقتاً ممتعاً واستعرضنا أحداث الأيام الأربعة التي قضيناها معاً هناك وما تخللها من مفاجآت ومفارقات بالإضافة إلى إنجاز العمل الذي من أجله كانت الرحلة إلى إدمنتن. بقي أن أكرر الشكر إلى جميع الأصدقاء في المدينة وبصورة خاصة إلى وسيم وماغي على أمل اللقاء بهم في رحلات قادمة..

الإنسان في لبنان ينتمي إلى وطن وليس إلى طائفة..

نشرت هذه المداخلة في جريدة "المستقبل" الصادرة في مونتريال – كندا، رداً على مقال لرئيسة تحريرها آنذاك السيدة ماري رجولي تبرر فيها نشر طرفة لرشيد الخازن تتعرض لمعتقد الموحدين (الدروز)، بالرغم من تلقيها لكثير من الردود والانتقادات لما أثارت "الطرفة" من الاستنكار والاشمئزاز لدى أبناء الجالية اللبنانية، ليس في مونتريال وحسب، وإنما في سائر المدن الكندية. وكان لهذه المبادرة – الرد أن وضعت حداً للتجاذبات والردود باعتراف السيدة رجولي في تعقيبها على مداخلتنا هذه.

تورونتو كندا في 1997/11/17

حضرة السيدة ماري رجولي المحترمة / رئيسة تحرير جريدة "المستقبل" الغرّاء

تحية طيبة وبعد...

عملاً بحرية الرأي التي اعتمدتها جريدة "المستقبل" الزاهرة منذ العدد الأول لتأسيسها.

وعملاً بما توجبه اللياقة الأدبية والصحافية.. وحفاظاً على علاقة المواطنة التي تربط فيما بيننا من أجل لبنان ومستقبل أبنائه..

نأمل أن ينشر هذا المقال في باب "الموقف" رداً على ما جاء في مقالكم في العدد (305) الصادر بتاريخ 1997/11/12 بعنوان "الفدائيون ومحنة العقل العربي"، مع قبول وافر الاحترام والشكر المسبق.

نشرت في "المستقبل" العدد 304 تحت عنوان "ابتسم"، طرفة على لسان الشيخ رشيد الخازن بينما كان يجلس بين جماعة من الدروز.. أثارت في نفوس الكثير الاشمئزاز والاستنكار، ما حدا بهم إلى الاتصال بكم والاحتجاج على نشر طرفة كهذه لأنها تثير الحساسيات الدينية وتمس بصلب معتقد الطائفة الدرزية الكريمة.

وفي العدد التالي رقم 305 وردت رسالة اعتذار من إدارة الجريدة في ذات المكان من الصفحة 37 توضح أن النكتة المشار إليها قد وردت في كتاب "نكات خازنية" (نسبة لصاحب النكتة رشيد الخازن) لمؤلفه أو معده رياض حنين. هذا وكنت قد أشرتِ بنفسك إلى هذا الأمر في باب "الموقف"، على الصفحة 3 من العدد ذاته بشيء من الاستغراب، كيف وصل العقل العربي إلى حال استحال عليه فيها التمييز بين مضمون النكتة وشكلها وظروفها.. وبالتالي إلى وضع من الأسى لم يعد يتحمل معه حتى الدعابة. وكأنك بذلك تناقضين رسالة الاعتذار المشار إليها أعلاه وتترحمين على أيام كان فيها الشعب اللبناني يتفهم النكتة قبل أن يصاب بما أسميتِه "محنة العقل العربي".

والطريف بالأمر أنكِ أدرجتِ هذا الموضوع بترابط غير موضوعي مع حادثة الرسالة التي تقولين أنها وصلت إلى "المستقبل" بتوقيع "الفدائيون العرب". وهذا بنظرنا "يزيد الطين بلة" ويجعلنا نتساءل ما الذي يدفع بكم إلى زج الطائفة الدرزية في

متاهات كهذه، وما هو الهدف "السامي" الذي ترمون إليه من نشر نكتة كهذه.. وعليه فإننا نسجل الملاحظات التالية:

أولاً: إذا كان الهدف أن "نبتسم" لقراءة النكتة، فإننا نؤكد لكم أيتها السيدة الفاضلة أننا أصِبنا بصدمة مؤلمة جارحة.. ومع الجراح يتوقف الابتسام.. ربما تبررون موقفكم بأن القول جاء على لسان رشيد الخازن وهو ليس بالضرورة تعبيراً عن رأي صحيفتكم الغرّاء. هذا ما لم يرد مع نشر النكتة في العدد 304 بالدرجة الأولى وإن ورد، فإن كتاب الخازن يحتوي على مئات من النكات فلماذا اختيرت هذه بالذات..؟

ثانياً: وإذا كان الهدف الإشارة إلى التقمص عند الموحدين الدروز بهذا الفهم المغلوط، وجب علينا التوضيح بأن مذهب التوحيد أكد على حصر التقمص ضمن دائرة البشر فقط. فتأسس المذهب على أن النقلة إنما تكون للنفس الناطقة الموجودة في الانسان وحده.
وتجدر الاشارة إلى أن العلم الحديث أخذ التقمص بعين الاعتبار وأجريت حوله مئات الدراسات وكتبت عنه عشرات المجلدات حتى تحول الشك فيه إلى شبه يقين ولم يعد الدروز وحدهم في العالم من يؤمنون بالتقمص والأدلة على ذلك كثيرة ولا تحصى.
ولتجنيب الفكر التوحيدي من الفهم المغلوط والتجني أحياناً، أورد الباحث نبيه السعدي في كتابه "هكذا نفهم مذهب التوحيد" كيف نظرت الفلسفات المختلفة إلى التقمص حيث قال: "قد نجد توسيماً لدائرة التقمص في بعض الفلسفات والعقائد الأخرى لتشمل جميع الكائنات الحية من إنسان وطير وحيوان وهو ما يدعى بالنسخ أو المسخ. ومنها ما ذهب إلى أبعد من ذلك، فجعل النفس البشرية تنتقل إلى النبات أيضاً ما يسمى بالفسخ، كما أجاز آخرون انتقالها من البشر إلى الجماد ما سميّ بالرسخ. وجميع هذه الاجتهادات لم

يرد ذكرها في عقيدة التوحيد كما أنها لا تتصل بالفكر التوحيدي من قريب أو بعيد.."

ثالثاً: أما إذا كان الهدف كما ذكرتم في "موقفكم" الدعابة أو المزاح (الذي لم نفهمه)، فأنتم، فيما عرضتم، عندما ربطتم بين احتجاج أبناء الطائفة الدرزية على ما يمسهم في جوهر معتقدهم وكرامتهم، ورسالة الفدائيين العرب، إنما تحاولون ربطاً لا موضوعية فيه ولا منطق وبالتالي لا يبدو فيه مزاح أو دعابة على الاطلاق بل على العكس تماماً، أنه عرض يفيض بالتجريح والاستهتار خاصة عندما تتكلمون عن محنة العقل العربي.

أيتها السيدة الفاضلة:

في هذا الاطار، والحديث عن رشيد الخازن ابن العائلة العريقة، ننصح بإعادة قراءة تاريخ لبنان، القديم منه والحديث، والتركيز على بعض الحقائق التاريخية الثابتة من خلال دراسة واعية عميقة وجدية.. إن الواقع يشير بكل صدق إلى الفضل الأكبر للدروز في وصول مسيحيي لبنان و"الموارنة خاصة" إلى ما وصلوا إليه أيام فخر الدين من خلال علاقاته مع الغرب ومع البابوية وتوسكانا خاصة، وقد عمدت بعض الأسر المسيحية لاستغلال الوضع والاستفادة منه إلى أقصى حد، عن طريق ولائها للأمير المعني من ناحية وارتباطها بالبابوية من ناحية أخرى. ويذكر أنه كان لأسرة آل الخازن الدور الأكبر على هذا الطريق، في ظل فخر الدين وبعده، إذ تربعت فوق منصب القنصلية الفرنسية لحوالي قرن من الزمن.. إننا نستهجن ونستنكر أن يصدر مثل هذا الكلام على لسان ابن الخازن، وإن كان على سبيل المزاح والدعابة، وهو المطّلع ولا شك على تاريخ عائلته في علاقتها مع الدروز..

أما اختياركم أنتم لنشر طرفة كهذه تمس جوهر المعتقد الدرزي وتثير الحساسيات الدينية، ليس من مصلحة أحد في وقت نتسابق فيه جميعاً لإعادة العافية إلى وطننا الجريح الذي تقاذفته أمواج الجهل والضياع لسنوات خلت، وأن استعادة العافية تلزمها المقومات الصحية الملائمة.. إن إعادة إعمار لبنان تكمن في إعادة بناء الانسان فيه. والانسان اللبناني لا ينتمي إلى طائفة بل ينتمي إلى وطن، ووحدة الوطن لا تتحقق إلا بوحدة المواطنين.

ونحن إذ نتطلع إلى غد مشرق تعلو فيه سيادة الوطن، أملنا أن تتشابك الأيدي وتنعقد السواعد لما يحقق وحدة أبناء لبنان، لينتصر لبنان..

المخلص: خالد حميدان
رئيس تحرير مجلة "الصفا"
الصادرة عن الجمعية الدرزية الكندية في تورنتو

التوحيد والمذاهب الاسلامية

1997/12/15

– مقدمة –

لقد ترددت كثيراً قبل أن أتطرق إلى موضوع "التوحيد" ومقارنته بالمذاهب الاسلامية الأخرى، نظراً لحساسية الموضوع وتشعباته وكثرة الاجتهادات والتفسيرات التي قامت حوله، والكلام عنه يطول ويطول.. غير أنني آثرت المضي فيما عزمت لإلقاء الضوء على حقائق تاريخية ثابتة دون التعرض لمبادىء "الحكمة" الشريفة التي قام عليها مذهب التوحيد (الدروز) أو الفكر التوحيدي في عمقه الفلسفي. كذلك دون أن أسمح لنفسي بالدخول في متاهات الشروحات والتفسيرات المتعددة التي تناولتها أقلام المؤرخين، العرب منهم والأجانب، حول حقيقة المذهب – في أزمنة مختلفة – صحيحة كانت أم مغلوطة..

وجل ما أرمي إليه إذن، هو الكشف عن حقائق تاريخية تتصل بأصل المذهب وتتعلق بالجوانب الاجتماعية والثقافية وبالأحكام القانونية للأحوال الشخصية التي ترتكز في جوهرها على المذاهب الاسلامية الخمسة والاجتهادات المذهبية المستمدة من التقاليد الدرزية، علها تروي بعض الظمأ لدى المتعطشين الراغبين في معرفة حقيقة الموحدين (الدروز) وموقعهم في الاسلام وموقفهم منه. من أجل ذلك عمدنا إلى تقسيم هذا البحث إلى فصول ثلاثة:

الفصل الأول: الفاطمية وإعلان الدعوة التوحيدية
الفصل الثاني: العادات والتقاليد الدرزية عبر التاريخ
الفصل الثالث: الأحوال الشخصية عند الموحدين (الدروز)

الفصل الأول: الفاطمية وإعلان الدعوة التوحيدية

قامت الدولة الفاطمية في المغرب العربي على أثر تفكك وانهيار الدولة العباسية عام 920م، وتعاقب على حكمها خلفاء تمكنوا من إرساء وتقوية دعائمها حتى أصبحت تهدد الخلافة العباسية في بغداد. وفي عام 975م انتقلت الخلافة الفاطمية إلى مصر لتتخذ من القاهرة مقراً للدولة وقد أخذت على عاتقها مهمة إعادة الحياة الدينية إلى ما كانت عليه في السابق بعد أن تفشى الفساد وبلغ الانحلال الخلقي فيها حداً لا يطاق. وتمكن الفاطميون من السيطرة الفعلية على مصر بعد موت كافور واضطراب الأحوال والتنافس على السلطة فيها. وكان حكم العزيز لدين الله والد الحاكم بأمر الله هو الأقوى والأبرز بالنسبة لسابقيه.

وفي عام 966م تسلم أبو علي المنصور السلطة على أثر موت والده الخليفة العزيز لدين الله وقد أظهر منذ الساعة الأولى طموحاً كبيراً يؤهله القيام بدور سياسي وديني معاً رغم سنه المبكرة كما اتخذ من الحاكم بأمر الله لقباً له. وما يهمنا في هذه الفقرة هو تسليط الضوء على دور الحاكم الذي كانت ممارساته طوال مدة خلافته بمثابة القاعدة لانطلاق حياة روحية جديدة على أساس التعاليم الدينية لعقيدة التوحيد.

كان الحاكم بأمر الله محباً للعلم والعلماء والفقهاء. بنى "دار الحكمة" التي تعتبر من المنجزات الهامة في عصره وجعل منها جامعة علمية ومركزاً لاجتماع الدعاة والفقهاء. كما حوّل جامع

الأزهر، الذي شيّده الفاطميون في عهد جدّه المعزّ لدين الله، إلى جامعة دينية وعلمية كانت وما زالت حتى يومنا هذا، الصرح العلمي الهام الذي يؤمه المؤمنون من كل أقطار العالم.
من أهم التوصيات والأوامر التي أطلقها الامام الحاكم كانت:

1 ـ منع زراعة الكرمة التي كانت المصدر الأساسي لاستخراج الكحول.

2 ـ منع النساء من مخالطة الرجال وعدم الكشف عن وجوههن في الطريق العام.

3 ـ تحريم البكاء والعويل على الموتى.

4 ـ تحريم ذبح الأبقار السليمة إلا في أيام النحر (عيد الأضحى وغيره) أو ما كان منها ذا عاهة، وذلك لدفع الناس إلى الاستثمار الزراعي واستخدام الأبقار في حراثة الأرض.

5 ـ عدم إقفال الحوانيت خلال الليل للدلالة على استتباب الأمن وقوة السلطة.

ومن أهم مآثره أنه أعتق العبيد وأعطاهم حرية الاختيار والتصرف فيما يملكون. وفي كتاب "تاريخ الموحدين الدروز السياسي في المشرق العربي" لمؤلفيه د. عباس أبو صالح ود. سامي مكارم، جاء في هذا المجال: "إن في إعتاق الحاكم للرقيق خطوة ثورية جديرة بالبحث والدراسة لما تنطوي عليه من قدرة اجتماعية وسياسية واقتصادية لم تشهد مثلها القرون الوسطى".

كان الحاكم بأمر الله (عليه السلام) من أعدل الخلفاء الفاطميين وأشدهم تقشفاً. قال عنه العلامة الألماني ميلر: "إنه من أعجب وأغمض الشخصيات التي عرفها التاريخ.. فلا يدعنا نظفر منها إلا بلمحات خاطفة".

وفي ظل خلافة الحاكم بأمر الله، أعلنت الدعوة التوحيدية (الدرزية) سنة 408هـ/1018م على يد كبير الدعاة حمزة بن

علي الذي قلده الحاكم صفة الإمامة. وهكذا يعتبر حمزة بن علي المؤسس الحقيقي لمذهب التوحيد الاسلامي وواضع فلسفته. أما تسمية الموحدين بـ "الدروز" فهي تسمية مغلوطة وقد وردت نسبة إلى أحد دعاة التوحيد الذي ما لبث أن طرد من الفرقة في أوائل عهد الدعوة. وكان محمد بن اسماعيل الملقب بـ "نشتكين الدرزي" من المقربين للحاكم وأحد العاملين على نشر الدعوة في بلاد الشام عامة ومنطقة وادي التيم خاصة. لذلك فإن التسمية الحقيقية هي "الموحدون" أو "الأعراف" ذلك أن إمام الدعوة حمزة بن علي كان قد كناهم بقوله "كنيتم بالأعراف ووصفتم بالأشراف". وقد جاء في إحدى رسائله: "أامروا بالمعروف وانهوا عن المنكر (الشرك)".

نستخلص من هذا العرض الموجز بأن دعوة الموحدين (الدروز)، هذه الفرقة الإسلامية التي خرجت من الشيعة الاسماعيلية في الربع الأول من القرن الحادي عشر للميلاد (أوائل القرن الخامس للهجرة)، انطلقت من مصر برعاية الحاكم بأمر الله، الخليفة الفاطمي السادس الذي يعتبره أتباعه خاتم التأويل للكلمة الإلهية التي نزلت على خاتم التنزيل النبي محمد (ﷺ).

نورد هنا شرحاً موجزاً للدكتور سامي مكارم في "التوحيد" قال فيه: يتبع الموحدون "مسلك التوحيد" لأنهم يؤمنون بأن الدين الاسلامي يتألف من مسالك ثلاثة يؤدي الأول إلى الثاني والثاني إلى الثالث. وهكذا فإن "مسلك التوحيد لا يتحقق إلا باتباع المسلكين الأولين".

أما المسالك الثلاثة في الاسلام فهي:

1 - مسلك الاسلام الظاهر، أي الاقرار بأصول الاسلام والشريعة التي يتوسل بها المسلم في توجهه إلى الله.

2 - مسلك الايمان، أي الأخذ بتأويل المعنى الظاهر للتنزيل وبالتالي اتباع الطريقة التي أداها الأئمة المخولون وحدهم تأويل الكلمة الإلهية التي تؤدي إلى المعنى الأصيل لكلمة الله.

3 - مسلك التوحيد، أي الأخذ بما يدل عليه التأويل من الحقيقة الإلهية بغية الوصول إلى العرفان والتوحيد. وهذا ما يدل المؤمن على حقيقته الأزلية حيث لا نسبي ينفصل عن المطلق ولا جزئي يستقل عن الواحد الأحد.

وفي ذات المعنى يقول الباحث نبيه السعدي في كتابه "هكذا نفهم مذهب التوحيد": "إنما الاسلام والايمان والتوحيد درجات ثلاث، لا تنفصل إحداها عن الأخرى. ويظل الاسلام أساساً ومرتكزاً لها جميعاً، تسمو بسموه ورفعته".

***

إن لمذهب التوحيد كما للمذاهب الاسلامية الأخرى قواعد عامة تأمر بالمعروف وتنهي عن الفحشاء والمنكر، ما ظهر منها وما بطن، عملاً بكتاب الله وسنة رسوله. وإذا كان للمذاهب الاسلامية المختلفة أن تعتمد تفسيرات مختلفة لبعض الآيات القرآنية أو الأحاديث النبوية الشريفة، غير أنه لا يمكن أن يخرج بها الاختلاف إلى تجاوز النظام العام للدين الاسلامي. هذا ما يشير إليه سماحة الشيخ مرسل نصر رئيس محكمة الاستئناف الدرزية العليا في كتابه "الميراث لدى الطوائف الاسلامية الثلاث" فيقول: "ما دام القرآن الكريم كتابنا جميعاً ونشهد أن لا إله إلا الله وأن محمداً رسول الله، فهذا جامع مشترك لجميع المسلمين في الدنيا والدين والله وحده الحسيب الرقيب والعالم بما تكنه الضمائر وبما تخفيه السرائر".

الفصل الثاني: العادات والتقاليد الدرزية عبر التاريخ

تعتبر العادات والتقاليد لدى طائفة الموحدين (الدروز) جزءاً من تراثها وتاريخها حيث تستمد وجودها وأصولها من تعاليم العقيدة ومبادىء التوحيد. لذلك لا بد من الاشارة إلى الأركان الأساسية التي تقوم عليها عقيدة التوحيد قبل الدخول في تفاصيل العادات والتقاليد.

أولاً: صدق اللسان

يعتبر الصدق من أول الواجبات المقدسة لدى الموحدين فهو "رأس الايمان لأنه يمثل العقل"، أما الكذب فهو أصل البهتان لأنه يمثل الشيطان. ومن مستلزمات الصدق الوفاء بالوعد والمحافظة على العهد. من هنا كان الصدق من الفرائض الملازمة للإيمان لدى الموحدين.

أما في ظل المحن والصعوبات التي تعرّض لها الموحدون واستهدفت وجودهم وخاصة الاضطرابات المتلاحقة التي عاشوها في مصر حيث أدت بالنهاية إلى القضاء على المذهب هناك في موطنه الأصلي، فقد مارس الموحدون مبدأ "التقية" أي "الاستتار بالمألوف والنهي عن المنكر".

وقد اعتبر المغرضون هذا الاستتار خروجاً عن الاسلام ونقطة ضعف بتاريخ طائفة الموحدين التي ما زالت حتى أيامنا هذه، تتعرض إلى هجمات بربرية من هذا النوع يشنها أعداء العرب والاسلام هدفها شق الدروز عن الاسلام وإثارة البلبلة الفكرية في الصف الاسلامي.

ويشير المؤرخون إلى أن السلطان العثماني سليمان باشا أصدر حكماً بإعدام الشيخ بشير جنبلاط لاتهامه بالخروج عن الإسلام والكفر والسعي لإقامة دولة درزية، على غرار دولة الأمير فخر

الدين، والاستقلال عن السلطنة العثمانية. ولكن سرعان ما تنبّه السلطان للأمر وأدرك ما يكمن له الأعداء من وراء هذه الاتهامات فعدل عن قراره وعفا عنه، ما حدا بالشيخ بشير إلى بناء جامع في بلدة المختارة كدليل على إيمانه وتعلقه بالاسلام. وقد هدم الأمير بشير الشهابي هذا الجامع وأزال جميع آثاره بعد القضاء على الشيخ بشير جنبلاط عام 1825. ولم يكن جامع المختارة هو الوحيد الذي أشاده الدروز في لبنان بل كان التنوخيون والأرسلانيون والمعنيون قد بنوا عدداً من الجوامع ما زالت آثارها قائمة حتى اليوم في بيروت والشويفات وعرمون وعبيه ودير القمر وعاليه.

ثانياً: حفظ الاخوان

وحفظ الاخوان يعني التعاون المتبادل بين أهل البيت الواحد. وهو الآخر من الواجبات المقدسة لدى الموحدين انطلاقاً من التجارب والاضطهادات التي تعرضوا لها عبر التاريخ. وهذا التعاون يقضي بوقوف المؤمن إلى جانب أخيه المؤمن وبمؤازرته في المواقف المحقة، وفي هذا ما يحفظ الحق ويصون الكرامة العامة. أما الوقوف إلى جانب الخطأ فهذا ليس بحفظ الاخوان بشيء وإنما هو تعصب غبي لا يؤدي إلا إلى الشر.

ثالثاً: التبرؤ من عبادة العدم والبهتان

وهذا المبدأ يعني النهي عن عبادة الأصنام والأوثان وممارسة الطقوس المتعلقة بها، ذلك أن الوثنية تمثل البعد الأكبر والكفر بالإله الواحد الذي لا يعبد الموحدون سواه.

رابعاً: البراءة من الأبالسة والطغيان

وهذا يعني البراءة من المرتدين الذين تنكروا للدعوة التوحيدية بعد أن آمنوا بها وعملوا لها فترة من الزمن مثل نشتكين الدرزي والحبّال والبرذعي. وقد جاء في رسائل الدعوة ما يحذر الموحدين من اتباع أساليب هؤلاء الكفرة والمضللين. وقد أشار إلى هذا المبدأ أعداء الاسلام بقولهم "إن البراءة من الأبالسة والطغيان تعني الأنبياء السابقين والأديان السابقة لدعوة التوحيد". أما الحقيقة الساطعة هي أن الموحدين، وهم يؤمنون بانتقال الأنبياء من دور إلى دور بفعل التقمص، يقدسون ويحترمون جميع الأديان وجميع الأنبياء والرسل. وقد جاء الرد على المشككين على لسان الشيخ الاسماعيلي المحامي خضر حموي الذي قال: "في عقيدة التوحيد ليس من حق أي دين أن يظهر بمظهر المحتكر للحقيقة، بل إن الأديان متمّمة لبعضها البعض، فإذا ما ظهرت مختلفة فيرجع هذا إلى اختلاف الظروف ومكان نزول الشرائع".

خامساً: التوحيد لمولانا جل ذكره في كل عصر وأوان
سادساً: الرضى بفعله كيف ما كان
سابعاً: التسليم لأمره في السر والحدثان

وتعني المبادىء الثلاثة الأخيرة، أن من واجبات المؤمن الموحد، أن يرضى بأحكام الله ويسلم بها تسليماً مطلقاً دونما اعتراض، لأن الشك فيها يؤدي إلى الكفر والخروج عن الطاعة وبالتالي إلى الخروج عن الإيمان.

وخير مثال على ذلك الأمير السيد عبد الله التنوخي الذي عمّر قلبه بالرضى والتسليم لمشيئة خالقه على أثر وفاة ولده الوحيد "عبد الخالق" يوم عرسه، حيث جاء في خطبته: "أيها الناس.. إنا لله وإنا إليه راجعون، ولا فوت من الموت.. أيجوز للعبد أن يعترض على حكم ربه فيما أبدع. أو أن يغضب إذا هو استرد ما أودع.. وقضاء

الله لا مردّ له ولا مندفع. أيها الناظرون إليّ.. أتظنون أن صبري على فقد ولدي جهالة، وأن تركيَ التعرض للقضاء ضلالة.. أو أني نسيت علمه وفضله، وطاعته وصبره..؟ لا.. ولكن الصبر مطية من اتقى والرضى والتسليم منارة من ارتقى".

هذه الأركان السبعة، التي أشرنا إليها آنفاً، تشكل بمجموعها دعائم العقيدة التوحيدية ومرتكزاتها الأساسية لأنها جوهر الإيمان وحقيقة التوحيد.. وكما ذكرنا، فإن العادات والتقاليد التوحيدية تستمد جذورها من هذه التعاليم وهي تتلخص بما يلي:

1 - حسن الضيافة والكرم

تعتبر هذه الميزة واجباً على كل موحد في تعامله مع الزائر أو الضيف، القريب أو البعيد، حتى ولو كان أجنبياً. وهذا ما أشار إليه كثير من المؤرخين الأجانب الذين عرفوا الدروز عن كثب، وربما كانت شهادة الجنرال ديغول رئيس الجمهورية الفرنسية، خير دليل على ذلك إذ قال عندما سئل عن رأيه بطائفة الموحدين: "إنها من أشرف العرب وأكرمهم.. بيوتها ومضافاتها فنادق مجانية. إنها عشيرة تحب الحق وتموت في سبيله، وعاداتها وتقاليدها من أشرف العادات. حاربناها لكنها هزمتنا رغم كل الانتصارات التي حققها جيش فرنسا في أكبر المعارك المصيرية.."

2 - الصدق والصداقة المخلصة

يتميز الموحدون (الدروز) بالصداقة المخلصة لأنهم صادقون بشعورهم كما بقولهم. يتفانون في الدفاع عن الصديق مهما كان الثمن إذ يعتبرون التهرب من نصرته غدراً وخيانة لمن وثق بهم. وهذه الميزة نابعة من المبادىء التوحيدية التي تحثهم على الدفاع عن كل حق مهما غلا الثمن.

وفي هذا المجال يقول الدكتور عمر فروخ في كتابه "عبقرية العرب"، "كانت للدروز في حركتهم الدينية، عبقرية عملية تلفت الأنظار.. لقد استطاع المذهب الدرزي أن يقر في نفوس اتباعه نظاماً أخلاقياً نادراً في العفاف والصدق وإتيان الفضائل".. ويضيف الدكتور فروخ قائلاً "لقد أصبحت الأخلاق جزءاً من الحياة الدرزية".

3 ـ الإقدام والشجاعة

يقول المؤرخ لامنز (H. Lammens) في الموحدين: "جبليون نشيطون ومحاربون ذوو بأس وشجاعة.. وقد أثبت تاريخهم الطويل تمسكهم بالحرية والاستقلال رغم كل المصاعب والتحديات التي تعرضوا لها". تجدر الإشارة هنا إلى أن المعنيين (الدروز) هم أول من أقاموا دولة مستقلة في المنطقة العربية وتحديداً في لبنان.

ويذكر الجنرال ويغان في رسالته إلى الكابيتان "بورون"، مؤلف تاريخ الدروز: "يمكننا القول أن الدروز عنصر حربي لا غنى عنه لنجاح كل ثورة. فيجب إذاً لادارتهم واجتذابهم أن تنظر إليهم فرنسا بعين الحقيقة غير مغترة بالتباينات المدهشة التي تبدو في كل مكان من سوريا سواء في الطبيعة أو في الناس.."

وفي ذات المجال، نورد ما جاء في كتاب سعيد فرنسيس "بنو معروف في ساحات المجد"، وهو عبارة عن مجموعة مقالات نشرت في جريدة العمل، لسان حال الكتائب اللبنانية: "إن بعض من يجهلون تاريخ الموحدين وتضحيات جبابرة الشرف بني معروف، يفسرون جهادهم وتضحياتهم وثوراتهم بما لا يتفق ولا بوجه من الوجوه مع الواقع.."

4 - الحشمة والأدب

يقول المؤرخ ميخائيل مشاقة في كتابه "منتخبات في الجواب على اقتراح الأحباب"، حول عادات وتقاليد الدروز: "يتجنب الدروز فحش الكلام ويتميزون بعدم الشراهة والاحتشام في ملابسهم.. ويراعون حق الجوار لمن يسلك معهم الاستقامة، ويصبرون على الضيم، ولديهم من عزة النفس ما لا يقاس بها غيرهم.."

أما يوسف سلامة، في مقالة نشرت له في مجلة "الميثاق" عام 1974، يقول: "تتوفر في بني معروف صفات وأخلاق وطباع وعوائد ثابتة راسخة لا تتوفر في سواهم، وذلك بفضل التربيتين الدينية والاجتماعية.."

5 - اجتناب الخمرة والتدخين والمقامرة

لا يختلف اثنان على الضرر الذي يلحق الانسان، في جسمه وعقله، من جراء تناوله الخمرة أو تعاطيه التدخين أو المقامرة. وتجد هذه التقاليد أصولها أيضاً في صلب المعتقد التوحيدي الذي يعتبر بأن الانسان هو روح وجسد وأن الجسد يشكل وعاء الروح. ومن بديهيات الواجبات الدينية أن يحافظ المرء على نظافة الروح وطهارتها، ولن يكون ذلك ممكناً إلا بالحفاظ على الوعاء الذي يحتضنها. ومن البديهي القول إذن، أنه للحفاظ على ما في الوعاء يجب الحفاظ على الوعاء نفسه، والوعاء هنا مقصود به الجسد. لذلك ترى التقاليد التوحيدية ضرورة اجتناب كل ما يلحق الأذى بالجسد ومنها بالطبع، الخمرة والتدخين والمقامرة..

يهمنا أن نشير إلى نقطة أساسية وهي أن المرتكزات التي قامت عليها هذه العادات والتقاليد هي في صلب الاسلام وليست، بأي حال من الأحوال، وقفاً على مذهب التوحيد. وعلينا أن ندرك بأن المذاهب الاسلامية هي مظاهر مختلفة لحقيقة واحدة. والإسلام الذي جمع علم الأولين والآخرين لا يمكن أن يحتويه مذهب واحد

وبالتالي لا يجوز أن نتعصب للاسم والصفة دون الجوهر الذي يوحد بين جميع المسلمين..

الفصل الثالث: الأحوال الشخصية عند الموحدين (الدروز)

ذكرنا فيما سبق كيف أن العادات والتقاليد التي عرف بها الدروز كانت مستمدة من صلب العقيدة التوحيدية والأركان الأساسية التي يقوم عليها مذهب التوحيد الاسلامي.

ومن البديهي أن تلعب التقاليد الاجتماعية والاجتهادات المذهبية عبر التاريخ دوراً هاماً في وضع القواعد الملائمة لقانون الأحوال الشخصية. وقد جاءت أحكام هذا القانون مستمدة في أكثرها من المذاهب الاسلامية الخمسة: الحنفي والمالكي والشافعي والحنبلي والجعفري، مع إضافة الأحكام الخاصة التي تعكس تقاليد الدروز واجتهاداتهم المذهبية.

صدر قانون الأحوال الشخصية للطائفة الدرزية في 24 شباط 1948. وقد أضاف قانون تنظيم المحاكم المذهبية الدرزية (الصادر في 4 كانون الأول 1967) بعض الصلاحيات التي تمارسها المحاكم الشرعية الاسلامية (السنية والجعفرية) والقواعد العامة الواردة في قانون أصول المحاكمات المدنية. وفي تحديد مهام المحاكم المذهبية أوجب القانون العودة إلى الأصول المعمول بها لدى المحاكم الشرعية الاسلامية كما تبينه المادة التاسعة منه حيث جاء فيها: "عند عدم وجود النص (في قانون تنظيم القضاء المذهبي الدرزي)، تمارس المحاكم المذهبية الدرزية الصلاحيات، وتطبق اصول المحاكمة المطبقة لدى المحاكم الشرعية الاسلامية (السنية والجعفرية). وعند عدم وجود النص في القانون المذكور، أي قانون أصول المحاكمات الشرعية، تطبق القواعد العامة المنصوص عليها في قانون المحاكمات المدنية على قدر ملاءمتها

لتنظيم المحاكم المذهبية والتقاليد الدرزية فيما لا يخالف الشرع الدرزي." هذا هو المبدأ العام المعمول به في تنظيم القضاء المذهبي الدرزي الذي يتفق مع القضاء الاسلامي بشكل عام ويتباين معه في بعض من أحواله. ويبدو ذلك واضحاً في:

1 ـ اختصاص وصلاحيات القضاء.
2 ـ أصول المحاكمات الشرعية.
3 ـ الاجراءات القانونية.

وتجدر الاشارة هنا إلى أن المصادر التي اعتمد عليها مذهب الموحدين في تشريعاته، حتى فيما يتباين فيه مع المذاهب الاسلامية الأخرى، هي من كتاب الله وسنة رسوله، كما في حق الوصية مثلاً، إذ يتبادر إلى أذهان الكثيرين أن إطلاق يد الموصي في وصيته مخالف للشرع الحنيف في وقت أن الحقيقة هي غير ذلك والموحدون في تشريعهم هذا إنما يعتمدون على قوله تعالى: "كتب عليكم إذا حضر أحدكم الموت أن ترك خير الوصية للوالدين والأقربين بالمعروف حقاً على المتقين"، (سورة البقرة، آية 180).

في هذا المجال يؤكد الدكتور سامي مكارم ثبات حق الوصية في نص الآية الكريمة الآنفة الذكر ويضيف قائلاً: "إن هذا الأمر ينسجم انسجاماً كلياً مع مفهوم فرقة الموحدين للإمامة في الاسلام، ذلك أن هذه الفرقة هي فرع من أهل النص لا من أهل الاختيار. وأهل النص هم أولئك الذين يعتقدون بأن الإمامة إنما تنتقل خلفاً عن سلف، فإذا كانت إمامة الأمة تنتقل من السلف إلى الخلف فكيف بالحري متاع الدنيا، وهي حقوق تبقى للفروع مهما نزلوا، وهم أحق بها وهذا يمثل العدل والانصاف."

***

كذلك في موانع الزواج، فمن اجتهادات الموحدين، ألا يجوز للرجل أن يجمع بين زوجتين، وإن فعل فزواجه من الثانية باطل. وقد استخلص هذا المبدأ من الآية الكريمة "انكحوا ما طاب لكم من النساء، مثنى وثلاث ورباع، فإن خفتم ألا تعدلوا فواحدة" مكملة بآية أخرى" ولن تعدلوا بين النساء ولو حرصتم" (سورة النساء، آية 129). فالعدل معناه ألا يقع ميل أو تفضيل أو تمييز في المعاملة.. وهذا أمر متعذر غير ممكن التطبيق. لذلك اكتفى الموحدون بالزوجة الواحدة وتكرس هذا التقليد منذ زمن طويل في نصوص قانونية. والطائفة الدرزية في مبادئها العامة، إنما تتبع في فهم الآيات الكريمة قصده تعالى وهديه في مجاراة الزمن وتقدم العلم وتطور المدنية والاعتبار من كثرة المشاكل الاجتماعية الناجمة عن تعدد الزوجات على صعيدي الأسرة والمجتمع. وهذا ما حدا ببعض حكومات الدول الاسلامية، وتونس خصوصاً، إلى إعادة النظر في هذا الأمر والأخذ بالتالي بنظرية الموحدين لجهة الاكتفاء بزوجة واحدة، وذلك بمقتضى تشريعات وضعية وتعليمات أصدرتها منذ زمن ليس ببعيد.

كان الدين مصدر التشريع في العصور الاسلامية الأولى. وكانت الشرائع دينية، في الواجبات التي فرضت على الانسان تجاه معبوده، ومدنية في الواجبات التي فرضت عليه نحو بني جنسه. وفيما بعد تم الانفصال في أزمان مختلفة متلاحقة مع الابقاء على بعض الشرائع الدينية التي تتناول الأحوال الشخصية للمسلمين. وإذا ما نظرنا اليوم إلى التشريع الحديث، بالنسبة لنظام القضاء وأصول المحاكمات والاجراءات القانونية، فإننا سنرى أصوله في الشريعة الاسلامية. وإن كان لاختلاف المذهب الأثر البالغ في التشريع والاجتهاد، غير أن المذاهب الاسلامية جميعها وإن اختلفت في الصيغة والشكل، فهي لا تختلف كثيراً في المبدأ والمضمون.

لم يأتِ اختيارنا لدراسة موضوع "التوحيد والمذاهب الاسلامية" إلا بدافع الأمانة التاريخية وكشف الحقائق الثابتة المتعلقة بطائفة المسلمين الموحدين، من حيث أصل المذهب والجوانب الاجتماعية والسياسية، وبالأحكام القانونية للأحوال الشخصية المرتبطة بجوهر الاسلام وشريعته، علنا نجيب، ولو بايجاز مفيد، على أسئلة الكثيرين حول موقع الموحدين (الدروز) في الاسلام.
ونختصر الاجابة هنا بما جاء على لسان رئيس محمكة الاسئناف الدرزية العليا، سماحة الشيخ مرسل نصر، حيث قال: "إن الطوائف الاسلامية الثلاث، السنية والشيعية والتوحيدية، هي مظاهر مختلفة لحقيقة واحدة. أما التباين الذي يبدو في بعض الأحيان، إنما يدل على غنى الاسلام وسعته وشموله. ويجد القارىء أن المذاهب الثلاثة جاءت مكملة ومتكاملة. فإن كان ثمة عقدة في مذهب، وجدت حلها في الآخر. وإن ظننت الظلم في أحدها، جاءتك الرحمة من صنوها.."

مراجع البحث:

- **الشيخ حليم تقي الدين: الأحوال الشخصية عند الدروز**
- **الشيخ مرسل نصر: الميراث لدى الطوائف الإسلامية الثلاث**
- **الدكتور سامي مكارم: أضواء على مسلك التوحيد**
- **نبيه السعدي: هكذا نفهم مذهب التوحيد**
- **قانون الأحوال الشخصية للطائفة الدرزية**
- **قانون تنظيم القضاء المذهبي الدرزي**
- **سعيد فرنسيس: بنو معروف في ساحات المجد**
- **عمر فروخ: عبقرية العرب**
- **د. عباس أبو صالح ود. سامي مكارم: تاريخ الموحدين (الدروز) السياسي في المشرق العربي**

❖

موانع الزواج في قانون
الأحوال الشخصية عند الموحدين (الدروز)

1998/8/4

لكل طائفة في لبنان أحوالها الشخصية ومحاكمها وجهازها القضائي وأصول المحاكمات الخاصة بها. والأحوال الشخصية عند الموحدين (الدروز) هي تراث من تقاليدهم الاجتماعية واجتهاداتهم المذهبية منذ القدم وقد تقننت في قانون خاص عرف بقانون الأحوال الشخصية للطائفة الدرزية صدر في 24 شباط 1948 ولا يزال معمولاً به حتى يومنا هذا.

إن أحكام هذا القانون مستمدة في أكثرها من المذاهب الاسلامية الخمسة: الحنفي، المالكي، الشافعي، الحنبلي، والجعفري مع أحكام خاصة مستمدة من تقاليد الدروز واجتهاداتهم المذهبية عبر التاريخ. ولكن وإن تباينت هذه الأحكام الخاصة مع الأحكام الاسلامية العامة الأخرى، السنة (الحنفية) والشيعة (الجعفرية)، فلا يمكن أن يخرج هذا الاختلاف إلى تجاوز النظام العام للدين الاسلامي، فالقواعد العامة لدى مذهب التوحيد هي ذاتها لدى المذاهب الاسلامية الأخرى تأمر بالمعروف وتنهي عن الفحشاء والمنكر ما ظهر منها وما بطن عملاً بكتاب الله وسنة رسوله.

وقد جاء في المادة التاسعة من قانون تنظيم القضاء المذهبي الدرزي الصادر في 5 آذار 1960 عن أصول المحاكمات الشرعية: "عند عدم وجود النص، تمارس المحاكم المذهبية الدرزية الصلاحيات وتطبق الأصول المطبقة لدى المحاكم الشرعية الإسلامية – أي قانون تنظيم القضاء السني والجعفري – وعند عدم وجود النص في القانون المذكور، تطبق القواعد العامة

المنصوص عليها في قانون المحاكمات المدنية على قدر ملاءمتها لتنظيم المحاكم المذهبية والتقاليد الدرزية".

وهكذا يتبيّن للباحث أن المذهب الدرزي لم يختلف مع المذاهب الاسلامية الأخرى إلا في نقاط جوهرية ثلاث:

1 ـ عدم تعدد الزوجات
2 ـ عدم إرجاع المطلقة
3 ـ الوصية

ولما كنا بصدد موضوع موانع الزواج في قانون الأحوال الشخصية عند الموحدين (الدروز)، لن نتطرّق إلى مسألة الوصية والإرث، ونكتفي بالاشارة إلى أنه يحق للموصي الدرزي أن يوصي ما يشاء لمن يشاء إناثاً وذكوراً، وارثاً كان أم غير وارث. وإذا حصلت الوفاة دون وصية فالشرع يلزم اتباع المذهب الحنفي عند توزيع التركة باستثناء حق الخلفية. وحق الخلفية هو حق التمثيل أي قيام فروع الوارث مقام أبيهم الذي توفي قبل المورث، فيأخذون حصة أبيهم كما لو كان حياً. لم يرد هذا الحق في المذاهب الاسلامية الأخرى.

أما بالنسبة للزواج، وهو ما يعنينا في هذا البحث، يتفق المذهب الدرزي مع باقي الطوائف اللبنانية على اعتبار الزواج عقداً ثنائياً، علنياً وذا صفة دينية.

1 ـ عقد ثنائي: أي نتيجة اتفاق رضائي بين اثنين، الرجل والمرأة.
2 ـ عقد علني: أي يجب أن يعرف به المجتمع الذي يحيط بالزوجين.
3 ـ عقد ذو صفة دينية: لأنه يجري وفاقاً لأحكام الدين الذي ينتسب إليه الزوجان.

وكذلك اتفقت الطوائف اللبنانية أيضاً على أن غاية الزواج هي التناسل والتعاون. فقد ذكر البند الأول من القانون المتعلق "بنظام سر الزواج للكنيسة الشرقية" المنشور بإرادة رسولية لقداسة البابا

بولس الثاني عشر، أن غاية الزواج الأولية هي ولادة البنين وتربيتهم التربية الصالحة، وأن غايته الثانوية هي التعاون، كذلك فإن القرآن الكريم يعتبر التناسل سنة الكون ويحث على أن يكون بين الزوجين "مودة ورحمة" (سورة الروم – الآية 30).

أما بالنسبة لأهلية الزواج وموانعه وإجراءاته القانونية، فقد اتفق الشرع الاسلامي في مذاهبه الثلاثة على غالبيتها وتباين في بعضها. فما هي موانع الزواج عند طائفة الموحدين (الدروز)، هذا ما سنبينه فيما يلي:

حدد قانون الأحوال الشخصية للطائفة الدرزية موانع الزواج واعتبر العقد باطلاً في الحالات التالية:

أولاً: الزواج على متزوجة الغير، أي في حال وجود زواج قائم. وكذلك الزواج من المطلقة أو المتوفي عنها زوجها طوال مدة العدة وهي أربعة أشهر بدءاً من تاريخ الطلاق أو وفاة الزوج، وذلك منعاً لاختلاط النسب.

ثانياً: زواج الرجل على النساء ذوات الرحم المحرم أي اللواتي بينه وبينهن قرابة نسبية عملاً بالآية الكريمة "حرّمت عليكم أمهاتكم وبناتكم وأخواتكم وعماتكم وخالاتكم وبنات الأخ وبنات الأخت" إلخ..

ثالثاً: زواج الرجل على النساء اللواتي بينه وبينهن مصاهرة: زوجات الأبناء / والأحفاد – أمهات الزوجات وجداتهن – زوجات الآباء والأجداد – بنات الزوجات وحفيداتهن.

رابعاً: قرابة الرضاعة، وفاقاً للآية الكريمة "وأمهاتكم اللواتي أرضعنكم وأخواتكم من الرضاعة". والقاعدة هي أن يحرّم بالرضاع ما يحرّم بالنسب والمصاهرة.

خامساً: الزنا: يحرّم على الرجل الزاني أصول من زنى بها وفروعها. كما تحرّم على أصوله وفروعه. وهذان المانعان، قرابة الرضاعة والزنا، لم يذكرهما قانون الأحوال الشخصية للطائفة

الدرزية وقد استمدهما من المذهب الحنفي ويعمل بهما تطبيقاً لأحكام المادة (171) التي تقول: "في جميع المسائل الداخلة في اختصاص قاضي المذهب (الدرزي) والتي لم يرد عليها نص في هذا القانون، يطبق القاضي أحكام الشرع الاسلامي – المذهب الحنفي".

سادساً: إعادة المطلقة: لا يجوز لأحد أن يعيد مطلقته، ذلك أن عقد الزواج لا يحل بالطلاق اللفظي وإنما بحكم يصدر عن قاضي المذهب تطبيقاً لأحكام المادة (36) من قانون الأحوال الشخصية الدرزية والتي تقول: "لا ينحلّ عقد الزواج بالطلاق، إلا بحكم قاضي المذهب". ولما كانت مثل هذه الاجراءات القانونية تستغرق وقتاً ليس بالقصير، فليس من مبرر لإعادة المطلقة أو العودة إليها بعقد جديد أو بدون عقد.

سابعاً: تعدد الزوجات: لا يجوز للرجل أن يجمع بين زوجتين، وإن فعل، فزواجه من الثانية باطل (المادة 10). وفي مطالعة للمغفور له الشيخ حليم تقي الدين – رئيس المحكمة الاستئنافية الدرزية العليا ـ في المؤتمر الاسلامي وتنظيم الأسرة، يقول تعقيباً على ما جاء في الآية (ولن تستطيعوا أن تعدلوا بين النساء ولو حرصتم مستشهداً بالآية (129 من سورة النساء).

وهكذا فقد اكتفى الدروز بالزوجة الواحدة عملاً بروح هذه الآية وبما جاء في خطاب الإمام المعزّ لدين الله الفاطمي في أتباعه إذ قال: "إلزموا الواحدة التي تكون لكم، ولا تشرهوا إلى التكثير منهن والرغبة فيهن، فينغص عيشكم، وتعود المضرة عليكم، وتنهكوا أبدانكم، وتضعف قوتكم، ويضعف تمايزكم، فحسب الرجل الواحد الواحدة..".

ثامناً: اختلاف المذهب: لا يأذن قاضي المذهب بإجراء عقد زواج إلا بين درزي ودرزية أي من مذهب الموحدين (الدروز). كما لا يقبل بإدخال أحد في هذا المذهب لاعتبارات تتوافق مع تقاليد الدروز واجتهاداتهم المذهبية. وقد جاء في باب الاجراءات

القانونية: "إذا عقد الزواج بين زوجين من مذهب أو دين واحد فإن هذا العقد يبقى قائماً حتى ولو أقدم أحد الزوجين – بعد عقد الزواج – على تغيير مذهبه أو دينه". والتبرير القانوني لذلك أن الزوجين ارتبطا بهذا العقد وهما على علم بما ينشأ عنه وما يترتب عليه من حقوق وواجبات. فلا يمكن إخضاع الزوجين لقواعد أخرى بناء لإرادة أحدهما دون إرادة الآخر مهما كانت الأسباب التي حملته على تغيير مذهبه أو دينه. أما إذا ترك الزوجان مذهبهما أو دينهما، فيكون زواجهما وما يلحقه من حقوق وواجبات تابعة لقانون نظامهما الجديد اعتباراً من التاريخ الذي قيّد فيه تركهما لمذهبهما أو دينهما في سجلات الأحوال الشخصية. وهذه القاعدة القانونية لم ينفرد بها قانون الأحوال الشخصية للطائفة الدرزية، وإنما تعمل بموجبها الطوائف اللبنانية عامة في ظل قانون الأحوال الشخصية اللبناني. ولتاريخ تغيير المذهب أو الدين في سجلات الأحوال الشخصية أهمية كبيرة ونتائج بعيدة المدى على الأوضاع العائلية حيث أن إقدام الأب على تغيير مذهبه أو دينه يؤدي حتماً إلى تغيير مذهب أو دين أولاده القاصرين ذكوراً وإناثاً تبعاً له.

وقد أوضحت هذا الأمر المادة الثانية من القرار 146/ل. الصادر بتاريخ 11 تشرين الثاني سنة 1938 كما يلي: "وفي حال ترك الزوجين طائفتهما أو ترك أحدهما لها يتبع الأولاد حالة والدهم وتكون قيود سجلات الأحوال الشخصية المتعلقة بهما وفقاً لحالة الأب".

وهنا يعترضنا سؤال يطرح نفسه: أين يقف عقد الزواج المدني من قانون الأحوال الشخصية للطائفة الدرزية؟ الواقع أن الزواج المدني هو خارج عن إطار عمل الطوائف عامة في لبنان الاسلامية منها والمسيحية. وقد أقره القانون المدني اللبناني سنداً لأحكام المادة (22) من القرار رقم 146 المنوّه به أعلاه. وقد جاء في نص المادة المذكورة ما يلي: "إذا عقد في بلد أجنبي زواج بين سوري ولبناني أو بين سوري أو لبناني وأجنبي، كان صحيحاً

إذا احتفل به وفقاً للأشكال المتبعة في هذا البلد". ويرجع أمر النظر في دعاوى الأحوال الشخصية الناجمة عن الزواج المدني إلى المحاكم المدنية. كذلك هو الحال بالنسبة للطلاق الحاصل بين متزوجين بموجب عقد مدني. هذا وقد استقرت المحاكم المدنية في لبنان على أنه في حال الزواج المدني يبقى كل من الزوجين على دينه أو مذهبه. وتقوم بينهما روابط عائلية يحكمها القانون المدني فيما ينتج عنها من أحوال شخصية. أما حصيلة هذا الزواج ـ أي الأولاد ـ فقد قضى قانون الأحوال الشخصية بأن يسجل هؤلاء من التابعية اللبنانية على مذهب أو دين والدهم.

وبالاستناد إلى هذه القاعدة القانونية العامة، فقد عملت جميع المحاكم المذهبية السنية والشيعية والدرزية على احترام ما استقر عليه الفقه اللبناني فيما ينجم عن الزواج المدني وإن كانت لا تقره من حيث المبدأ لكونه لا صفة دينية له، كما مرّ معنا. وطبقاً لهذه القاعدة، فإن أوضاع نفوس الأبناء المولودين من أب درزي وأم أجنبية، تخضع لقانون الأحوال الشخصية اللبناني. فإذا كان الأب لا يزال مقيداً في سجلات النفوس اللبنانية على أنه درزي فإن أبناءه سيقيدون حتماً على المذهب الدرزي ولهم والحالة هذه، سائر الحقوق التي يتمتع بها أبناء الطائفة الدرزية دون تفريق في سائر المعاملات من زواج وطلاق ووصية وإرث وغير ذلك. وقد استقرت المحاكم المدنية والمذهبية ودوائر النفوس في لبنان على هذا الرأي في جميع أحكامها ومعاملاتها، وأن أي اجتهاد مخالف يعتبر باطلاً لمخالفته القانون.

إن زواج الدرزي من أجنبية أمر غير مرغوب فيه لدى الموحدين بشكل عام لأنه يتعارض مع العقيدة التوحيدية التي تعتبر "أن الزواج شرع إلهي، ولا يجوز للموحد أن يتزوج من غير الموحدة". وقد جاء في رسالة سماحة الشيخ بهجت غيث قائمقام شيخ العقل بتاريخ 1992/6/28: "وفي حال المخالفة يتحمل

المخالف وحده تبعة عمله". ويضيف سماحته في مكان آخر من الرسالة عن حق ابن المخالف بالزواج المدني أن يتمتع بحقوقه الشخصية الأخرى كسائر أبناء الطائفة الدرزية حيث قال: "هذا حق له لا ننكره عليه من الناحية القانونية وإن تعارض مع المفاهيم والتقاليد الدينية".

إن القواعد والتقاليد الدينية لدى جميع الطوائف تتعارض مبدئياً مع أحكام القانون المدني في هذا المجال، إلا أن جميع المؤسسات الدينية بما فيها المؤسسات المذهبية الدرزية تلتزم بأحكام القانون المدني لأسباب واقعية لا يمكن تجاهلها، منعاً لضياع الحقوق على أصحابها وحسماً لكل نزاع قد ينشأ حول صلاحية المرجع المختص للنظر في قضايا الأحوال الشخصية والبت فيها.

***

لقد أردنا من خلال هذه النظرة السريعة على موانع الزواج في قانون الأحوال الشخصية للطائفة الدرزية، أن نلقي بعض الضوء على ما أغفل فهمه في هذا المجال لدى الكثيرين من طائفة الموحدين (الدروز) وأخوانهم من المذاهب الاسلامية الأخرى. وإذ تطرقنا إلى جميع نقاط البحث مرتكزين إلى المراجع الصالحة التي أقرتها، ومستشهدين بأحكام القوانين التي ترعاها، نأمل أن نكون قد وفقنا فيما عرضنا..

مراجع البحث:

- قانون الأحوال الشخصية للطائفة الدرزية
- حليم تقي الدين: الأحوال الشخصية عند الدروز
- مرسل نصر: الميراث لدى الطوائف الاسلامية الثلاث
- قانون تنظيم القضاء المذهبي الدرزي
- د. صالح زهر الدين: تاريخ المسلمين الموحدين "الدروز"
- رسالة سماحة الشيخ بهجت غيث بتاريخ 1992/6/28

من تورنتو إلى بعبدا مع أطيب التمنيات..

1998/12/10

إلى فخامة الرئيس العماد إميل لحود الجزيل الاحترام
تحية وطنية صادقة وبعد..

إسمحوا لنا يا فخامة الرئيس أن نقدم لكم باسم كل مواطن لبناني يعيش في تورنتو، التهنئة القلبية للثقة التي منحكم إياها الشعب اللبناني العظيم، التواق إلى الحرية والسيادة، المتعطش إلى العدل والمساواة، والطامح إلى ممارسة حقه الوطني وقد بات يرضى بالحد الأدنى للعيش بعد أن سُرقت منه أحلامه الكبيرة..
فهنيئاً لكم برئاستكم.. وهنيئاً للرئاسة والشعب بشخصكم الكريم.

ويبقى السؤال الأهم ونحن على عتبة القرن الواحد والعشرين.. من أين ستبدأون لإعادة الثقة إلى نفوس المواطنين الذين أقعدهم اليأس القاتل من جراء الأزمات المتلاحقة وقد اعتصموا "بحبل الله" وتحلوا لسنوات طويلة "بالصبر والجميل".

ـ بإعادة البنية الاقتصادية للبلاد وإيفاء الديون المترتبة على الدولة وقد فاقت البلايين من الدولارات؟ أم بتوزيع "الثروة القومية" على مختلف قطاعات الانتاج..

ـ بإقرار الاصلاح الاداري وتنمية قطاع الخدمات لرفع مستوى المواطن اللبناني من "حضيضه" ليرقى إلى الحد الأدنى لقواعد الانسانية؟

- أو بإطلاق الحريات العامة المعطلة والافساح بالمجال لعودة الديمقراطية الخجولة؟

- بالضرب بيد من حديد على كل التجاوزات، من أية جهة قامت، والقضاء على المحسوبيات وبسط سلطة القانون؟ أم بدعوة المواطنين إلى ورشة عمل بموجب خطة مدروسة متكاملة إنقاذاً لما تبقى من الوطن..

- بالزحف إلى السلام "المقدس" والتخلي عن جنوب لبنان.. أم بتجديد الولاء للمقاومة الوطنية الباسلة وتحرير الأرض من براثن الذل والعار..؟

الحق يقال، يا فخامة الرئيس، أن الأمر ليس بالسهولة التي يظنها البعض، فإنكم تسيرون في حقل زرع بالألغام والأسلاك الشائكة، فإن لم تكن الخطوة واثقة ثابتة انفجرت الألغام "لا سمح الله" وقضي الأمر الذي لا يشتهيه أحد.

ومن زاويتنا نحن كمواطنين عاديين، نرى أنه لا يمكن لأي رئيس القيام بإنجازات كبيرة على صعيد الوطن إذا لم يحقق بادئ ذي بدء إقامة التوازن بين المواطنين، أي إقامة العدل والمساواة فيما بينهم. وهذه الخطوة الأولى ضرورية ليكسب الرئيس ثقة ودعم الشعب له في إدارة الحكم وطرح المشاريع فيما بعد. وإقامة التوازن الشعبي في لبنان، وهذا واقع، يقضي بإقامة التوازن والعدل بين طوائفه ومذاهبه المتعددة.. وهذا هو بيت القصيد.
وما يعنينا هنا بالتحديد، هو الاشارة إلى طائفة الموحدين وما لحقها من غبن وتعسف وتجاوزات من قبل المسؤولين لسنوات خلت خاصة فيما يتعلق بمرجعيتها الروحية العليا والمجلس المذهبي

للطائفة "المغيّب" والمفترض أن يكون قيّماً على شؤونها الداخلية، والمديرية العامة للأوقاف المعطلة "حتى إشعار آخر".
وقد طاول هذا الأمر حقوق كل موحّد على الاطلاق لأنه ينال من حق الطائفة في استقلاليتها وإدارة شؤونها المذهبية وخاصة فيما يتعلق بأوقافها العامة، ذلك أن الأوقاف الدرزية إذا ما استثمرت على الوجه الصحيح، خلقت فرص عمل كثيرة لأبناء طائفة الموحدين ما يغنيهم عن طلب الوظيفة العامة وهذا ما يخفف عن كاهل الدولة في مواجهة الضائقة المالية التي تمر بها في هذه المرحلة، ويساعد على دفع الحركة الاقتصادية للبلاد في الاتجاه الأفضل.. ويهمنا في هذا المجال أن نشير إلى بعض القواعد القانونية التي تحكم المؤسسات الدرزية في لبنان وقد وضعت على الرف لغاية يجهلها حتى "يعقوب":

أولاً: تمارس المديرية العامة للأوقاف الدرزية صلاحياتها بإدارة الأوقاف مباشرة بإشراف المجلس المذهبي للطائفة الدرزية الذي يناط به أمر تعيين أو اقتراح تعيين مدير عام للأوقاف.
وقد صدر القانون بإنشاء المجلس المذهبي للطائفة الدرزية بتاريخ 13 تموز 1962 ليتولى شؤون الطائفة الزمنية والمالية والاشراف على الأوقاف العامة والخاصة. وهو يتألف من أعضاء منتخبين إلى جانب أعضاء دائمين هم النواب والوزراء الدروز الحاليين والسابقين. مدة ولاية هذا المجلس هي أربع سنوات ويرأسه سماحة شيخ العقل.

ثانياً: إن مقام مشيخة عقل الطائفة الدرزية هو الممثل الروحي الأوحد لهذه الطائفة ورئيس للمجلس المذهبي، وبالتالي هو المرجع الأعلى لأوقافها ولجميع مؤسساتها الخيرية والتعليمية عملاً بأحكام قانون انتخاب شيخ عقل الطائفة الدرزية وقانون إنشاء المجلس المذهبي الصادرين بتاريخ واحد هو 13 تموز 1962.

ثالثاً: إن إدارة الأوقاف، لأية طائفة كانت، تدخل ضمن صلاحيات المرجعية الروحية لهذه الطائفة لأنها تشكل جزءاً لا يتجزأ من المصالح الدينية العائدة لها وذلك عملاً بمنطوق المادة التاسعة من الدستور اللبناني التي نصت على ما يلي: "حرية الاعتقاد مطلقة والدولة بتأديتها فروض الاجلال لله تعالى تحترم جميع الأديان والمذاهب وتكفل حرية إقامة الشعائر الدينية وتضمن أيضاً للأهلين على اختلاف مللهم احترام نظام الأحوال الشخصية والمصالح الدينية".

يتبيّن مما تقدم أن الشلل الذي أصاب المؤسسات المذهبية التوحيدية، إنما جاء نتيجة حتمية لمخالفة القوانين اللبنانية المرعية الاجراء، وأن ثمة مسؤولاً عن هذه المخالفات يختبئ "وراء أصبعه".

إن تهديد مصالح طائفة بأسرها وتعطيل أوقافها ومؤسساتها الخيرية والتعليمية والنيل من مرجعيتها الروحية وتجاهل دور أبنائها التاريخي في إرساء دعائم الوطن، ليس بالأمر المقبول ولا يتلاءم مع مبدأ العدل والمساواة الذي يقوم عليه بناء المجتمعات. وإن السكوت عن هذه المخالفات الفادحة للقانون، إنما هي بمثابة الاقرار والموافقة الضمنية عليها لا بل التشجيع على المضي قدماً في ارتكاب المزيد منها، ما لا يقرّه المنطق الأدبي أو القانوني.

فخامة الرئيس،

ما جئنا، في بداية عهدكم الميمون، لنطالب بمعاقبة المسؤول عن هذا الخلل أو لنرهق آذانكم بمطالب معقدة فنعكر عليكم نشوة الحلم السعيد، بل جئنا معتصمين بالارادة القوية والصبر الجميل لنقول كلمة متواضعة يكمن فيها الحل لهذه المعضلة التي نعتبرها مسألة وطنية جديرة بأن تحظى باهتمامكم وعنايتكم.

الواقع أن الحل يكمن في أحكام القانون ذاته. فإن أنتم سهرتم على تطبيق القانون وحافظتم على الشرعية، وصل لكل ذي حق حقه..
لسنا نطالب باصدار قوانين جديدة، المطلوب هو أمر واحد سهل التطبيق: تثبيت القوانين، وهي موجودة، وتفعيلها والعمل بموجبها. وبهذا تقضون على كل محاولات المخالفين والعابثين بمقدرات البلاد وبمصالح مواطنيها..
نرفع إلى فخامتكم كلمتنا هذه علها تلقى القبول الحسن. وليكن عهدكم منذ البداية عبرة لمن اعتبر. قولوا بالفم الملآن وبالصوت العالي:
لم تعد المحسوبيات تجدي لبنان نفعاً.. ولم تعد الهرطقات السياسية والتصريحات المضللة خافية على أحد..
ولم يعد لبنان مزرعة معزولة عن العالم المتقدم في تطوره ونموه وتكنولوجيته..
إننا شعب توّاق إلى النظام، إلى دولة قوية يسودها القانون والعدل ليس إلا..
ربّ قارئ يطالعنا بالقول: إن هذا الطرح ليس بمحله الآن خاصة وأن رئيس البلاد سيكون مشغولاً بقضايا أكثر أهمية تتعلق باستحقاقات محلية وإقليمية ودولية.
وربّ آخر يقول: إن ترتيب البيت الدرزي هو شأن داخلي للطائفة الدرزية ولماذا تريدون أن يتورط رئيس الجمهورية بهذا الأمر؟
وقد يتصوّر للبعض أن إقامة العدل والمساواة بين المواطنين لا تقضي بالضرورة إقامة التوازن والعدل بين الطوائف، فالمواطنة شيء والحقوق الطائفية شيء آخر، خاصة وأن الدستور اللبناني أعطى الحق لكل طائفة بترتيب شؤونها الداخلية.
إننا نرى أن لكل من هذه المداخلات أهمية من حيث الطرح النظري أو المنطقي، ولكن الحقيقة، التي يجب إعلانها، هي غير ذلك. من هنا نؤكد أنه:

انسجاماً مع "التقاليد والعادات" اللبنانية المعمول بها منذ مئات السنين.. وعطفاً على أحكام الدستور اللبناني الذي يقضي بتوزيع المناصب والوظائف والمنافع على الأساس الطائفي.

وعملاً بمقررات مؤتمر الطائف الذي كرّس طائفية الرئاسات والتمثيل النيابي والوظائف الرسمية. واستناداً إلى سابقة تعديل الدستور، بأغلبية ساحقة (متى تقضي الحاجة إلى ذلك).

.. لا نرى مبرراً يعترض طرحنا في الطلب إليكم بإقامة التوازن والعدل بين الطوائف ليكون أحد المرتكزات التي يقوم عليها التوازن والعدل بين المواطنين.

ومرة أخرى يا فخامة الرئيس نؤكد أنه إذا كان ما نطالب به يعتبر تدخلاً في الشأن الداخلي لطائفة الموحّدين ولا يدخل مطلقاً في مهامكم عملاً بالدستور اللبناني (مع العلم أنه ليس كذلك)، فيمكنكم "عندما تقضي الحاجة" تعديل ما تيسّر من بنود الدستور، ليدخل هذا الأمر ضمن مهامكم وتثبيت حقوق طائفة الموحدين أسوة بباقي الطوائف اللبنانية التي يتألف منها المجتمع اللبناني. والدستور كما تبين لنا، فهو ليس بالكتاب المنزل الذي لا يمكن مسّه، والبرهان القاطع أنكم على سدة الرئاسة الأولى..

وفقكم الله وسدّد خطاكم لما يحقق العدل والمساواة والحماية للبنان، واقبلوا تحياتنا من تورنتو إلى بعبدا مع أطيب التمنيات.

بكل التقدير..
خالد حميدان

شخصيات درزية برزت في القرن العشرين

سلطان باشا الأطرش:
صفحة مشرقة في التاريخ العربي الحديث

1994/7/7

الكلام عن سلطان باشا الأطرش يطول ويطول بحيث لا يتسع بحث واحد أو مقالة واحدة لتناول مختلف جوانب حياته المديدة التي سطعت بصفحاتها المشرقة ورسمت شخصية قائد قلّ نظيره في الصبر والنضال، في النزاهة والاستقامة، في الشجاعة والإباء في الاقدام ونكران الذات.

وكان هاجسه في كل نفس من أنفاسه حتى الرمق الأخير كرامة الوطن واستقلاله وسيادته. وقد كان لثورته التي امتدت من جبل الدروز لتشمل جميع البلاد السورية، الباع الأكبر في صناعة سورية الحديثة وكان لنضاله الطويل الأثر الأكبر في إرغام المستعمر على الانسحاب ولصاحب الحق على الأرض من بعده تقرير المصير.

وسلطان باشا الذي قاوم الظلم والاستعمار بشتى أنواع المواجهة ليصنع تاريخ بلاده بإرادة فولاذية، كان يلتزم أخلاقية الثائر العنيد، ولا يقبل المواربات أو المساومات وكان يعمل بصمت المؤمن الضارع دون أمل ولا عزاء.. الوطن أولاً والوطن آخراً.. منذ نعومة أظافره، كان سلطان يراقب إجراءات الدولة العثمانية التعسفية، على أرضه وشعبه، من قمع للحريات وإرهاق للأهلين بشتى أنواع الطلبات والضرائب، وقد كانت البلاد العربية قبيل الحرب العالمية الأولى، ترزح تحت وطأة الاحتلال العثماني وكانت الحالة تختلف من الشدة والرخاء والعصيان والولاء

باختلاف المكان والزمان. إلا أن سوريا كانت أكثرها تأثراً بالأحداث نظراً لأسبقية النهضة العلمية والسياسية فيها ويقظة الفكر القومي والمعاني المتطورة للحرية في نفوس السوريين.
ونتيجة لاستبداد الحكم العثماني وتماديه في فرض شتى أنواع الضرائب، ثار الدروز عام 1896 وأعلنوا العصيان، ما حدا بالدولة العثمانية إلى إخضاعهم وسوق الكثير من شبابهم إلى الجندية في المنفى، لكنهم عاودوا الكرة وثاروا عام 1900 وأجبروا الدولة على إعادة المنفيين، وهذه الخطوة، كانت الشرارة الأولى لثورة الدروز على الظلم والطغيان، غير أنها لم تكن ترتكز في قيامها على أسس صحيحة أو على تخطيط بعيد المدى محدد المبادئ والأهداف، ولكنها، وإن دلت على شيء، فعلى الروح المتمردة التي تتطلع إلى الحرية والحياة حتى ولو كلفها ذلك الوقوف بوجه أكبر وأقوى امبراطورية في العالم.
في هذا الجو المضطرب من تاريخ جبل الدروز السياسي والاجتماعي نشأ سلطان الأطرش على فضائل الدين والأخلاق متأثراً بالقيم التي كانت تحيط به من صدق وكرم وشجاعة وإقدام. وتشاء الظروف أن يتسلم زعامة بلدته "القريا" بعد إعدام والده ذوقان الأطرش شنقاً على أيدي الأتراك سنة 1912 وهو في سن الواحدة والعشرين..

.. واجهت الزعيم الجديد مشاكل كثيرة كان عليه أن يثبت الكفاءة والشجاعة في تحمل المسؤولية والحسم في اتخاذ القرار، وفي طليعتها مشكلة الأرض التي استولى عليها أهل بصرى بتشجيع من الدولة العثمانية وكانت غاية هذه الأخيرة أن تبقي النزاع قائماً بين الدروز والحوارنة، وقد حاول سلطان أن يحلّ المشكلة حبياً بالتوسط لدى متصرّف حوران آنذاك رشيد طليع الذي كان يمثل الارادة العثمانية ولكنه لم يتجاوب لمطلب الحق، مما اضطر

سلطان إلى استعمال القوة ليس مع الحوارنة فحسب وإنما مع الدولة العثمانية المحرّضة والمسببة لهذه المشكلة.
وفي موقفه هذا جرأة لا توصف وعناد لا يلين إذ قال للمتصرّف: "الأرض أرضنا وسنعيدها بالقوة إذا لزم الأمر. نحن لسنا أفضل من أسلافنا الذين ضحّوا بأنفسهم دفعاً للظلم وصوناً للكرامة".
وبهذه الخطوة الجريئة انطلقت مسيرة سلطان النضالية ضد الاستعمار لتبشر فيما بعد بولادة حركة التحرر العربي الحديثة. فقد تمكن من إعادة الأرض بالقوة وكانت النتيجة بأن رضخت الدولة العثمانية لمطالبه وعقد الصلح بتوقيع اتفاق بين البلدتين ساد على أثره جو من المحبة والوفاق.
وإبان الحرب العالمية الأولى، عقد الأتراك معاهدة سرية مع الألمان لخوض الحرب إلى جانبهم ضد الحلفاء، فتنبّه الانكليز والفرنسيون للأمر واستعدّوا لتصفية المسألة الشرقية، فعمدوا إلى إذكاء نار العداوة بين العنصرين التركي والعربي وفي استنصار القيادات الوطنية التي كانت تحلم بطرد الأتراك من بلادها طلباً للحرية والاستقلال، وذلك عن طريق الوعود بالحكم الذاتي وحق تقرير المصير.

وقد أيقن سلطان باشا في ذلك الوقت أن الوعود التي تغدقها بريطانيا ليست إلا وسيلة استجلاب للأنصار لتحلّ محل تركيا في المنطقة، ومع هذا فقد قرر خوض المعركة إلى جانب الجيش العربي بقيادة الأمير فيصل ابن الشريف حسين ملك الحجاز المتعاطف مع القوات البريطانية في تلك الفترة. والواقع لم يكن لسلطان خيار آخر في ذلك الوقت، وقد رأى في تقدم الجيش العربي في الصحراء، تدعمه القوات البريطانية، بصيص أمل للتخلص من النير العثماني. وهكذا دخلت الجيوش العربية دمشق تتقدم جيوش الحلفاء ولاحقت فلول الجيش التركي، ورفع العلم

العربي على دمشق وغمرت النفوس نشوة الحرية والسيادة. وكان سلطان باشا على رأس المقاتلين الدروز، أول من دخل دمشق في 30 أيلول 1918. وفي هذا اليوم رفعت أول راية عربية على دار الحكومة على يد المجاهد صالح سليمان طربيه. ويقول سلطان باشا في خطبته يوم إزاحة الستار عن النصب التذكاري في السويداء لشهداء ثورة 1925 مشيراً إلى يوم دخول دمشق: "لقد تراءى لنا يومها أن صفحة جديدة قد فتحت في تاريخ أمتنا".

وكان الثوار الدروز يردّدون وهم يرفعون العلم العربي فوق دار الحكومة في دمشق حداء معزى المغوش الذي استشهد فيما بعد في الثورة السورية:

عرش المظالم انهدم والعز طب بلادنا
راحت عليكم يا عجم خوض المعارك دأبنا
حنا حُماتك يا علم بأرواحنا وأكبادنا

والمؤسف المبكي أنه في الوقت الذي كان الحلفاء يستنهضون الشريف حسين بالوعود وتأكيدهم بدعم الدولة العربية العتيدة، كانوا يوقعون اتفاقية سايكس - بيكو التي قسمّت البلاد السورية إلى منطقتي إدارة مباشرة: زرقاء لفرنسا وتضم الساحل السوري اللبناني دون فلسطين، وحمراء لانكلترا تضم العراق الأسفل محتفظة من الساحل الفلسطيني بمينائي عكا وحيفا. وكذلك فقد أشارت الاتفاقية إلى تقسيم البلاد إلى منطقتي نفوذ، زرقاء لفرنسا تضم دمشق وحوران مجتازة حلب شمالاً والموصل شرقاً حتى حدود إيران، وحمراء لانكلترا تضم العقبة وغزة محاذية في الشمال منطقة النفوذ الفرنسي. وقد اعتبرت الاتفاقية فلسطين منطقة دولية حتى إذا صدر وعد بلفور في 2 تشرين الثاني عام

1917 رجحت كفة انكلترا في هذه المنطقة. أما الحجاز فقد ترك لملكه الشريف حسين الذي رضي باحترام عهود انكلترا.

تنبّه سلطان باشا منذ البداية إلى الخطر المحدق بالبلاد من جراء تطبيق اتفاقية سايكس ـ بيكو في الوقت الذي هلل للاتفاقية كثيرون من الزعماء الطائفيين والمتعاملين مع الاستعمار. وقرّر سلطان باشا متابعة النضال مهما غلت الأثمان.

وفي 3 كانون الأول 1920 وقع فيصل، وكان قد نصّب ملكاً على سورية، مع رئيس الحكومة الفرنسية كليمنصو اتفاقاً يقضي بأن تقبل سورية المستشارين الفرنسيين والاعتراف بانفصال لبنان سياسياً عن سوريا والقبول بتسريح الحرس الوطني.

وعلى أثر هذه الاتفاقية المجحفة بحق الوطنيين وبعد معاناة طويلة في مواجهة الانتقادات والاتهامات، انسحب فيصل من سورية مهزوماً. وما أن علم سلطان باشا بهذه الكارثة الوطنية حتى أرسل بدعوته إلى الجبل من أجل متابعة النضال ضد الفرنسيين، ولكن سبق السيف العزل إذ لم يسمح الانكليز للوفد المرسل بمقابلته في فلسطين، وكان انسحابه ضياعاً لمكاسب الثورة العربية الكبرى.

وفي نيسان 1920 اجتمع الحلفاء في سان ريمون في إيطاليا وقرروا انتدابهم على سورية، وقد رفضت البلاد السورية في أكثريتها الساحقة هذا الانتداب الذي جاء تمويها لتطبيق معاهدة سايكس ـ بيكو وتمهيداً للتوسع الاستعماري في المنطقة العربية.

وفرنسا التي كانت تتسلل إلى سورية من خلال معاونيها وأصدقائها المحليين، كانت تعرف أن في جبل الدروز يكمن الخطر الأكبر على وجودها فأرسلت نائب المفوض السامي كاترو على رأس البعثة الفرنسية إلى دمشق لمحاورة الدروز، حيث أعلن موافقته على منحهم الاستقلال الاداري في الجبل وجعل جبل الدروز حكومة مستقلة في ظل الانتداب الفرنسي وأن فرنسا مستعدة لتقديم المستشارين والاختصاصيين.

لقد بدا هذا الاستقلال لبعض الدروز استقلالاً داخلياً رسمياً غير أن سلطان كان يرفضه منذ البداية لأنه رأى فيه سراباً وزيفاً وعبودية. وهذا الكيان الهزيل ليس إلا بدعة فرنسية استعمارية تنقصه المقومات البشرية والاقتصادية فضلاً عن أن ثورته ترمي إلى تحرير كل البلاد من نير العبودية والاستعمار، وهذا ما جعله يحضّر للمعارضة الحقيقية وأسس جمعية سياسية سرية أطلق عليها اسم "الجمعية الوطنية" غايتها بلورة الموقف الوطني والتخلص من الوصاية الفرنسية بخطى ثابتة ومدروسة.

ويقول الأمير عادل أرسلان، وقد كان العقل المدبّر للثورة آنذاك، في قصيدة يشير فيها إلى الانتداب: "هو الرق الذي لا ريب فيه أرادوه فسموه انتداباً".

وكانت المعركة الأولى عام 1922 على أثر اعتقال أدهم خنجر من قبل السلطات الفرنسية وقد كان قاصداً دار سلطان باشا ليحتمي فيها. وأدهم خنجر هذا ثائر من جنوب لبنان تمرّد على الفرنسيين وقام بمحاولة جريئة لاغتيال الجنرال غورو عام 1921 وقد حكم عليه الفرنسيون بالاعدام لكنه فر إلى الأردن حيث توارى عن الأنظار لمدة سنة كاملة. ثارت ثورة سلطان باشا بعد أن فشلت المساعي مع الفرنسيين لإطلاق سراح ضيفه، فحاصر السويداء مع رجاله واشتبكوا مع مجموعة فرنسية في "تل الحديد" الواقعة غرب "السويداء" وتمكنوا من القضاء عليها.

وقد سجل سلطان في هذه المعركة بطولات لا توصف أثارت الاعجاب، وتناقلتها وسائل الاعلام آنذاك. فقد ألقى بندقيته ووثب من صهوة جواده إلى سطح إحدى الدبابات وأنقضّ على الرجلين اللذين كانا فيها وأغمد فيهما السيف.

أما المعركة الثانية فكانت موقعة "الكفر" في تموز 1925، وقد كانت اختمرت لدى شباب الجبل فكرة الثورة العامة وقد عانى

الجميع ما عاناه من استبداد الحكم الفرنسي في تقسيمه لسوريا والقضاء على وحدتها التاريخية وإقامة الحواجز الجمركية بين دويلاتها واستغلال ثرواتها الطبيعية، هذا فضلاً عن خنقهم للحريات وملاحقة الوطنيين واضطهادهم وسجنهم، وإثارة النعرات الطائفية بين الأهلين. وكان لهذه الظروف القلقة في جبل الدروز في مطلع عام 1925، أن ساعدت على اكتمال أسباب الثورة وبدا الاستعداد للتجاوب مع الدعوة اليها أكثر من أي وقت مضى. وقد تلا موقعة "الكفر" موقعة "تل الخروف" ثم موقعة "المزرعة" حيث حقق الدروز انتصاراً كبيراً أوقعوا بالفرنسيين خسائر فادحة في الأرواح والعتاد. ويؤكد الدارسون أنه لو واصل الدروز زحفهم على دمشق بعد إحراز النصر في معركة المزرعة لكان الأمر كافياً لطرد فرنسا من كامل الأراضي السورية. ولكن الثورة لم تكن بعد قد عمّت الأنحاء السورية كلها.

وفي أيلول 1925 اتفق الجميع على تسمية سلطان باشا الأطرش القائد العام للثورة السورية. ففي أواخر شهر آب 1925 وصل إلى الجبل الدكتور عبد الرحمن الشهبندر، نسيب البكري، سعد الدين المؤيد العظم، يحيى حياتي، جميل مردم، عبد القادر سكر وغيرهم من ممثلي دمشق وأعيان المناطق ومجاهدي الثورة لمبايعة سلطان باشا، وقد تقرّر على أثره ما يلي:

1 ـ متابعة الثورة حتى تنال البلاد استقلالها التام.
2 ـ تسمية سلطان باشا الأطرش قائداً عاماً للثورة السورية.
3 ـ تولية الدكتور عبد الرحمن شهبندر إدارة الشؤون السياسية.
4 ـ تشكيل مجلس قيادة الثورة.
5 ـ الدعوة إلى حمل السلاح والانضمام إلى جيش الثورة.

وتجدر الإشارة هنا أنه نتيجة للغليان الشعبي إزاء الانتداب الفرنسي، فقد قامت ما بين 1920 – 1925 خمس وثلاثون ثورة

إلا أن الطابع المميز لهذه الثورات أنها كانت محلية وغير موحدة القيادة، مما ساعد فرنسا على تمديد إقامتها في سوريا إلى أن جلت عنها نهائياً عام 1943.

إن ما يهمنا في هذا البحث القصير هو إظهار ملامح شخصية القائد العام لهذه الثورة الوطنية، التي تعتبر نقطة تحول ليس في سوريا وحسب وإنما في المنطقة العربية عامة إذ أن مع قيام ثورة سلطان الأطرش بدأت حركة التحرر في العالم العربي، وكان لمواقفه ومثابرته وإخلاصه لمبادئه الأثر العميق في جميع الأقطار العربية. فهو يواصل القتال بعناد وصبر ولا يحني الرأس للعاصفة إذا ما اختل ميزان القوى لمصلحة الخصم، بل كان يتعامل مع الهزيمة بذات الروح التي يتعامل فيها مع الانتصار.
كان سلطان الأطرش يترك للفعل أن يحدِّث. أما مقاومة المستعمر فهي بالعمل العسكري والمبادرات الوطنية وليست بشعارات تعلق على الجدران أو خطب تلقى في الاحتفالات. كان يسعى إلى الجهاد على رأس المجاهدين وهو يقول فيهم بكل تواضع: "جميع المجاهدين هم الذين صنعوا أمجاد الثورة". وفي بداية الثورة كان المجاهدون من أبناء جبل الدروز حتى إذا ما عمّت جميع أنحاء البلاد وأصبح سلطان قائداً عاماً للثورة، شارك فيها الآلاف من مجاهدي لبنان وسوريا وفلسطين، لأن ما كان يسعى اليه سلطان هو الكرامة الوطنية والسيادة على الأرض وهذا يعني كل الأمة. فلم يكن يسعى إلى إنشاء الدولة الدرزية بل كان من رافضيها يوم عرضت عليه من قبل الفرنسيين. وإذا جاز القول، فسلطان باشا الأطرش هو البطل القومي الذي رسم طريق الحياة الكريمة العزيزة في إطار الحرية والسيادة. وكما كان بالأمس واليوم، سيبقى لأجيال ستأتي رمزاً لحركة التحرر في العالم العربي والعالم الآخر المتشوق إلى نفحات الحرية والاستقلال.

ونتوقف هنا لنختم هذا البحث المتواضع بكلام من خطبة سلطان باشا الأطرش لمناسبة إزاحة الستار عن النصب التذكاري الذي أقيم تكريماً لشهداء ثورة 1925 في السويداء إذ قال: "واجب علينا نحو أمتنا أن نؤدي أمانة التاريخ لأجيالنا فننقل إليهم تلك الصفحات البطولية بما تستحق من أمانة وتقدير. لهذا أجدني مدفوعاً بأن أهيب بالمؤرخين العرب أن يعيدوا كتابة تاريخ الثورة السورية الكبرى على ضوء الحقائق التي أغفلت. وأدعو رجال التربية والتعليم أن يخصوها بما يتناسب مع دورها في تحرير بلادنا وتحويل نضال شعبنا ضد الاستعمار والتجزئة.."

مراجع البحث:

- د. حسن أمين البعيني: سلطان باشا الأطرش
- قدري قلعجي: الثورة العربية الكبرى
- د. علي سلطان: تاريخ سورية
- فلاديمير لوتسكي: الحرب الوطنية التحررية في سوريا
- صبحي العمري: أوراق الثورة العربية
- حافظ أبو مصلح: ثورة الدروز
- لقاءات المؤلف الشخصية مع شقيق سلطان، زيد باشا الأطرش في بلدة "القريا" جبل الدروز – وأبنه منصور باشا الأطرش في مدينة دمشق، في ربيع العام 1994.

الشيخ نسيب مكارم:
عرفانية الحرف لبلوغ الروح

1998/12/2

أحيت لجنة "الأوديسيه" الثقافية في الجامعة الأميركية - بيروت مهرجاناً حاشداً إحياء لذكرى شيخ الخطاطين العرب، خطاط الملوك وخطاط الجمهورية اللبنانية، الشيخ نسيب مكارم (1889–1971). وقد حضر المهرجان ممثلون عن وزارة الثقافة والتعليم العالي ووزارة التربية وبعض من النواب والرسميين وحشد من الوجوه والفعاليات.

وخطاط الملوك هو الشيخ نسيب بن سعيد بن سلمان بن حمود بن زين الدين مكارم المولود عام 1889 في بلدته عيتات وهي إحدى قرى قضاء عالية في لبنان.

وقد اشتهر أحد أجداد الشيخ نسيب بالنجارة، ومن آثاره المعروفة إحدى بوابات قصر بيت الدين الرائعة التي يعرف عنها حتى يومنا هذا على أنها من صنع "بيت مكارم". سعيد "أبو الشيخ نسيب"، كان نجاراً أيضاً وقد تعلم الشيخ المهنة عن أبيه واضطر إلى ترك المدرسة بعد وفاة والده، وهو في الرابعة عشر من عمره، ومتابعة أعمال النجارة لإعالة والدته وأخوته حتى برع فيها هو الآخر. وقد اشتهر بصدقه مع الناس وبدقة عمله وضميره المهني الحي.

ولم يمض وقت حتى تحول الشيخ نسيب مكارم من نجار إلى خطاط بفضل الممارسة والجهد وهو لم يدرس فن الخط على أيدي

مجازين أو معلمين، بل كان لديه الميل الفطري والموهبة الثاقبة، وكان قد أخذه عن والدته عذباء حسين يونس.

لقد تمكن الشيخ نسيب، الذي نشأ في العهد العثماني حيث كان الخط يعني القيمة الكبرى شأنه شأن التاريخ والشعر والفلسفة، من الاطلاع على خطوط القدامى في الكتب والمجلات والمخطوطات والمعارض فتأثر ببعض الخطاطين العرب والأتراك والإيرانيين وغيرهم. ولما تمكن من إتقان الفن رغب في منافسة الخطاطين الذين سبقوه أو الذين سيأتون من بعده ويقول في هذا المجال: "كما نافست الخطاطين السابقين فقد يأتي من ينافسني في المستقبل لذلك فعليّ أن أنافس المستقبل الآتي".

وأخذت شهرته بالاتساع حتى أصبح خطاطاً معروفاً ليس في لبنان وحسب، وإنما في العالم العربي كله والعالم الاسلامي أيضاً وأن بعض خطوطه تزيّن المتاحف الدولية. وكذلك فقد أتحف المطبعة العربية بحروف مطبعية عرفت باسمه "حرف مكارم"، تمتاز بمحافظتها على جمال خط النسخ وتعرف باللغة المطبعية بالحرف العشرين.

وقد التزم الشيخ نسيب مكارم بالفن العربي المحافظ على ملامحه الاسلامية التي ترتكز على نظرة عميقة إلى الحياة والكون والله، وقد اهتم العرب بالخط أكثر من أي شعب آخر لأن الحرف عندهم ليس أداة تعبير فحسب بل هو أساس الفن في تنوعه وازدهاره. وقد ساهمت بعض المدن في إغناء هذا الفن الجميل ومنها الكوفة ومكة والمدينة ودمشق وبغداد والقاهرة وبيروت والقيروان وأصفهان وفراسان والإستانة وبلاد الأندلس وغيرها. وبفضل الشيخ نسيب مكارم أصبحت "عيتات" البلدة اللبنانية المتواضعة مركزاً من مراكز الخط العربي حيث البديع والجميل، وكما قال الخطاط المصري المعروف أحمد عبد القادر عندما زار الشيخ مع وفد من الخطاطين: "لقد انتقلت استانبول إلى عيتات".

الشيخ نسيب مكارم فنان مؤمن متواضع لا يرى لنفسه أي فضل بما أتى به بل ينسب كل شيء إلى نِعَم الله تعالى عليه فيقول: "فالفضل للمنعم وليس للانسان". ويقول فيه الأب انطوان ضو الأنطوني: "إنه شيخ جليل لا تفارق الابتسامة الرصينة شفتيه أبداً وعلى وجهه مسحة من الجمال والفضيلة والجلالة قلما تشاهدها في الناس العاديين".

هذا وقد عمل الشيخ نسيب خبيراً لدى المحاكم المدنية في قضايا تزوير الخطوط والتواقيع، فكانت معرفته عميقة وضميره حياً. وقد درج القضاة على القول بعد قراءة استشارة الشيخ: "إننا عندما نرى إمضاء الشيخ نسيب في ذيل تقاريره يرتاح منا الضمير". وخير دليل على خبرته الفنية أن كتاباً نُسب إلى الأمير شكيب أرسلان وزُوّر عليه خطه، فطلب من الشيخ نسيب إبداء الرأي فوجد فيه مئة وثلاثة وثمانين برهاناً أثبت فيها تزوير الكتاب الذي أحدث ضجة في الأندية السياسية العربية سنة 1926. وكان الأمير شكيب يذكر هذه الجملة في كل كتاب يرسله له قائلاً: "لن أنسى فضلك ما حييت".

يحمل الشيخ نسيب مكارم أوسمة وبراءات وألقاب فخرية كثيرة نكتفي بذكر بعضها:
- الوسام المجيدي العثماني.
- وسام الاستقلال الأردني.
- الوسام العسكري الفرنسي وبراءته موقعة من المارشال فوش.
- وسام الاستحقاق اللبناني المذهّب.
- وسام الأرز اللبناني.
- عضو في عدة مجامع علمية شرقية وغربية.

عيّن خطاطاً فخرياً للجمهورية اللبنانية كما لقب بخطاط الملوك لاعتماده من قبل الملك عبد الله والملك غازي الأول والملك فيصل الأول ملك سوريا وأمير دولة الكويت الشيخ أحمد جابر الصبّاح.

آثار الشيخ نسيب مكارم

1 ـ حبات القمح

- في سنة 1919 أهدى الشيخ نسيب مكارم متحف الجامعة الأميركية في بيروت حبة قمح كتب عليها ما يلي: "فريضة المدح في حبة القمح".
- حبة قمح مقدمة إلى متحف الكلية السورية الانجيلية في بيروت كتب عليها سبعة أبيات شعرية.
- حبة قمح لجمعية الصليب الأحمر الأميركية كتب عليها رسالة شكر للمساعدات الأميركية إلى اللبنانيين والسوريين أثناء الحرب العالمية الأولى عنوانها "آية البرّ في آية البرّ" أرسلت هذه الحبة مع الترجمة سنة 1918.
- حبة قمح إلى الأمير فيصل بن الشريف حسين بعد دخوله إلى دمشق كتب عليها قصيدة من ستة أبيات بعنوان "آية الفتح في حبة قمح"، فأعجب الأمير فيصل بهذه الهدية وطلب منه أن يكون خطاطاً فخرياً له، وخلع عليه ثوباً ملكياً كاملاً.

2 ـ حبات الرز

ـ حبة أرز من رخام بحجم حبة الرز الطبيعية كتب عليها قصيدة للمرحوم عبد الرحيم قليلات عنوانها "مصر وبنوها"، أبياتها ثلاثون وكلماتها 287، وهي أكثر ما توصل إليه من الكتابة على الحبوب.

ـ حبة أرز حفر على أحد وجهيها رمز مجهود هنري فورد مع رسوم ثلاث سيارات وعلى الوجه الآخر كتب جملاً مأثورة عن فورد في الاقدام والثبات والنجاح.

ـ حبة أرز كتب عليها قطعتين من نشيد "المارسيلياز" مع خريطة فرنسا.

ـ حبة أرز رسم على أحد وجهيها قلعة بعلبك وعلى الوجه الآخر هياكل بعلبك.

ـ حبة أرز من فضة نقش على أحد وجهيها خريطة لبنان مع أسماء المدن ونزل الحفر ذهباً نافراً.

ـ حبة أرز نقش على أحد وجهيها خريطة الولايات المتحدة ونزل الحفر ذهباً نافراً وهي التي عرضت في معرض نيويورك العالمي سنة 1939. وقد قيل أنها أعجب وأغرب ما في المعرض.

ـ وأما باكورة نفائسه فقد كتبها في سنة 1909 في أثناء اشتغاله بالنجارة، وذلك عند افتتاح أول معرض لبناني في زحلة، حيث كتب على حبة أرز جملة من كتاب مجاني الأدب كلماتها إحدى وستون، منافساً بذلك الأمير عز الدين جواد التنوخي الذي كتب آية الكرسي على حبة أرز كلماتها خمس وأربعون. وقد نالت الجائزة الأولى الممتازة.

3 ـ اللوحات الزجاجية

وهي كثيرة كتب عليها آيات من الإنجيل والقرآن وأقوالاً وطنية.

4 ـ الخواتم

ـ خاتم ياقوت قدّمه إلى فيصل ملك سوريا كتب عليه تاريخ التتويج وشرح التاريخ في أبيات ثلاثة وعددها 67 تاريخاً لسنة 1338 وهو تاريخ التتويج.

- خاتم ذهبي إلى الملك عبد العزيز آل سعود نقش عليه قصيدة مؤلفة من سبعة أبيات تتكلم عن تاريخ جلوس الملك.
- خاتم ذهبي حفر على فصه الصغير النشيد المصري لأمير الشعراء أحمد شوقي أبياته 16 وكلماته 157.
- خاتم ذهبي نقش على فصه الصغير النشيد الوطني اللبناني.
- خاتم من ذهب نقش عليه أبياتاً للشاعر الكبير شكسبير باللغة الانجليزية.
- خاتم ذهبي نقش على فصه الصغير النشيد الوطني السوري لفخري البارودي.

5 ـ بيضة الدستور

وهي بيضة من رخام بحجم بيضة الدجاج رسم في قمتها الطغراء السلطانية ثم كتب عليها مقدمة أشار فيها إلى إعلان الدستور العثماني. ثم كتب مواد الدستور باللغة التركية وعددها 121 مادة ثم ترجمة هذه المواد باللغة العربية ثم قصيدتين في الدستور والجيش للشاعر الأشهر المغفور له الأمير أمين آل ناصر الدين أبياتها 59، ثم خريطة الأمبراطورية العثمانية.

لا يمكننا في هذا البحث الصغير أن نتطرق إلى الجوانب المختلفة في حياة الفنان الكبير المغفور له الشيخ نسيب مكارم، والتي جعلت من أعماله نهجاً مميزاً قلما تمكن منه غيره. ونتفق مع الأب أنطوان ضو في كتابه "الشيخ نسيب مكارم فنان الخط واللون" حيث قال: "من خلال أشغاله وأعماله الفنية تراقب نفسه الصافية وتوقه المستمر إلى كل ما هو منزّه، وتشهد على حضور الله السري في الآية واللوحة.."

الشاعر الشيخ نايف تلحوق:
خفة الروح والبساطة في التعبير

.

1999/3/3

"رسالة كل إنسان هي خلقه. ونمطه في حياته هو انعكاس خلقه في أعماله وصلاته بالناس. وعندما نجيء إلى ساحة الشيخ نايف تلحوق، لا ندور إلا في مملكة خلقه. وعظمة هذا الرجل ليست في انه "مخترع علمي" أو "مهندس نابغة" أو في أنه ذو منصب عال، في قيادة عسكرية أو ثروة مالية. لقد كان من عباد الله الصالحين يعيش "خبزنا كفاة يومنا"، يسكن بيتاً متواضعاً في بلدته "عيتات" الواقعة على بعد عشرين كيلومتراً من العاصمة اللبنانية ولا أحسب أنه فارق لبنان إلى أية بلاد أخرى. وتكمن عظمة نايف تلحوق أنه إنسان أبيّ النفس ذو حياتين معاً بنبض واحد.. حياة "فيزيولوجية" مثل أي إنسان آخر، تقوم على الماء وتنشق الهواء والطعام والنوم والحديث والجلوس إلى آخر ما تستلزمه الحركة الانسانية، وحياة "روحية" تتعلق بالغيب وتربطه بالملأ الأعلى".

هذا بعض ما جاء في تصدير ديوان الشيخ نايف تلحوق بقلم المؤرخ البحاثة عجاج نويهض وقد صدر الديوان عام 1971 عن منشورات مجلة البيدر لصاحبها الشاعر وليم صعب، الذي قدم الكتاب مشيراً إلى المحطات المهمة في حياة الشاعر الشعبي.
يقول وليم صعب: "أدهشتنا سعة اطلاعه وهو يخوض شتى الموضوعات بفصاحة بارزة ومعرفة واثقة، موضحاً بالترسيخ كل

ما يبحثه بقصة طريفة أو نادرة، وقصصه ونوادره محيط لا تهدأ أمواجه. أما آفاق ثقافته الشاملة ومعلوماته المتعددة فقد وسعتها مكتبة ضخمة تغص بمئات الكتب والمجلات".

وفي مكان آخر يقول: "كنا نزيد تعلقاً بالشيخ نايف تلحوق يوماً بعد يوم، ولا نرتوي ولا يرتوي السامعون من أحاديثه الساحرة في مختلف الموضوعات إذ كانوا يجدون أن جلستهم معه قصيرة مهما طال وقتها".

يذكر وليم صعب أنه رغب إلى الشيخ نايف بتخصيص مجلة "البيدر" بشيء من منظوماته الطريفة لكنه رفض بلطف فائق، فهو من القلائل الذين لا يغرهم حب الظهور. ولكنه عاد محاولاً إقناعه بأن ينشر منظوماته موقعاً عليها باسم مستعار فرفض العرض في بادئ الأمر ولكنه عاد ونزل عند رغبته. وظلت مجلة "البيدر" تنشر منظومات الشيخ طوال سنوات مذيلة تارة باسم (أبو معشر) وطوراً باسم (حماد) أو (بيدبا) أو (حصاد البيدر)، خوفاً من اكتشاف الاسم الحقيقي بالتكرار. وقد فاته أن شعره الذي يتميز بنكهة خاصة يعرف دون إمضاء، وهذا امتياز الموهوبين الذين لا يمكن أن يقلدهم أحد أو يدّعي إنتاجهم أحد.

ويذكر وليم صعب أيضاً أنه حاول كثيراً أن يأخذ من الشيخ نايف رسماً له لينشره إلى جانب شعره فلم يقبل ويقول: "لجأنا إلى الحيلة إذ اتفقنا مع الرسام المتفنن وهيب البتديني ليحضر إلى مكتب (البيدر) في يوم عيّنه الشيخ نايف لحضوره، وقد أخذ الرسم بقلمه مباشرة عن الهيكل الحيّ الماثل أمامه". وجاء ذلك الرسم الذي نشر في البيدر مفاجأة لصاحبه فبعث إلينا بالبيتين التاليين:

هالعجقة المعجوقها، في لك غنــى
عنها، ولاحق صورتي تا تكبرا

صبور حتى روح من دور هالدني
وتبقــى عمهلك بعد مني تدبــرا

وهو يشير بهذا إلى شعراء الزجل الراحلين.

تميّز شاعرنا بعاطفة نادرة كانت تفوح من الألفاظ والتعابير الشعبية المستعملة والمعبرة في عمق مدلولها.. نثبت فيما يلي قصيدته في وداع ابنته "خولا" يوم تزوجت وسافرت إلى نيجيريا.

مشيت ومشيت لوداعها، مش للسلام
لا أنا ولا هي مشينا عالرغام
مشيت حطامي عالاماني الضايعة
وهيي تمشت ضايعة فوق الحطام!

بكيت عند وداعها، وهيي بكت
لا حكيت أنا، ولا سمعتها كلمة حكت
عزتا الدنيي، على بيا اتكت
سمعت زفير القلب عميطحن عظام!

عرفت شو عندا، وعرفت شو بني
ضاقت عليي، وضاقت عليها الدني
ضامها قرب الرحيل وضامني
لا في عليها، ولا على بيا مــلام!

غاب الوعي، والحس فارقنا وقفي
وعدنا اتحدنا ثنيننا بسر الخفـــي
وصار الحكي في صمتنا للعاطفة
والد ، وبنتو مسافرة.. وبدها كلام؟

كنا شعلنا في النفاس المحرقة
لوما الدموع يخففوا بعض الشقا..
تحرك لساني، قلت: سفرة موفقة
قالت: وعودة، وبعدها طيب اللقا،
قلتلا: الستين مرت.. شو بقا؟
قالت: كريم الله، قلتلا: ثقة،
قالت: ادعيلي، قلتلا: تعودي بسلام.

ظهرت موهبة الشعر السخية مع الشيخ نايف في المهد وبرزت في الحداثة، قوية الزخم تميزها خفة الروح والنكتة البارعة والبساطة في التعبير وإطلاق الشعر على سجيته دون تكلف.

وفي نفس الشيخ نايف تلحوق نزعة زهو واعتزاز بتقاليد بني قومه واضحة المعالم في شعره الزجلي. فتراه ذلك الموجّه المرشد والحكيم المنذر والمشير إلى المنارة الخلقية الساطعة التي يجب أن يهتدي بها الانسان عن طريق الأيمان بالله. وقد تناول في شعره أيضاً أغراضاً سامية قلما تناولها غيره من ذوي الثقافات العالية، علماً أن شاعرنا كان ينظم الشعر بذاكرته العجيبة دون أن يدوّن بالقلم على ورق، وهذه موهبة نادرة الوجود. ومن روائعه نورد هذه القصيدة التي نظمها عام 1965 بعنوان "ما بقا بدا":

باعوا الفضيله، وبالرذيله تعلقوا
من هالتجاره، خبروني، شو لقوا؟
بيشربوا بنهارهم تا يثملوا
وبيرقصوا في ليلهم تا يعرقـــوا

وجه الصباح بيلحق الحبل الدلو،
وفي بير مظلـم ألف قامه بينزلوا

بيغرقوا بشرورن وشر العمل
يتنشقوا مسحوق تقريب الأجل..
سوق يا شوفير فينا بالعجل:
جنسين لقصور الرذيله تسابقوا
إن جيت تحكي، بالحجار بيرجموك
قدم نصيحه بينشروا أمك وأبوك:
رجعي من العهد القديم بيتهموك
مش خرج هالعصر – لا زم نشنقو
بيقعدوا يتفلسفولي بالعصور
ويلعبوا بين القوافي والسطور..
قلت: يا ربي العمى، ولا هيك نور
ولا شوف هالأشكال عميتهرقوا

***

آه يا عصر الميوعه والخلل
لا فيك خير، ولا بقيت بتنحمل
الضفدعة عمال تشمخ عالجمل
والحباحب صار يتحدى زحل
والأسد عمال بيداري الحمل
والعبد ساد معلمو، وشغلو همل
وجوابة الآفاق عمتبني دول
والنحس سلطن، والسعد نجمو أفل

يا ربنا، ما دام ما منها أمل   دنيا دنية، والخلايق فاسدة
والكون أزون، ما بقا بدا: احرقوه

الوفاق الوطني، وصية الشيخ الجليل

2003/12/10

تبقى الكلمات عاجزة عن وصف شخصية الراحل الكبير المغفور له سماحة الشيخ أبو حسن عارف حلاوي، رئيس الهيئة الروحية العليا لطائفة المسلمين الموحدين، الذي غيّبه الموت بتاريخ 2003/11/26، عن عمر قارب المائة وأربع سنوات.

وقد تكثر الكلمات وتتعدد في وصف الشيخ الفاضل، كما الحديث عنه قد يطول. وإذا أجيز لنا أن نختصر فيه الكلام نقول أنه الغيث الذي أمطرته سماء الحقيقة ليكون نهجاً سامياً ورسالة نبيلة تعبق بالآداب والأخلاق..

وعلى هدي أدب الأخلاق هذا، شعر الشيخ بمسؤولية إجلاء الحقيقة حول نشأة وتطور مذهب التوحيد الاسلامي، هذه الحقيقة التي غابت عن كثيرين وكادت أن تغيب عن فريق كبير من الموحدين أيضاً حيث أدخل على شروحات العقيدة ما ليس منها وفيها، بهدف النيل منها وإقامة الشقاق السياسي بينها وبين سائر الفرق الاسلامية والمسيحية على حد سواء.

ولم تتوقف هواجس الشيخ أبو حسن عارف حلاوي عند حدود الهيئة الروحية وحسب، بل تعدتها إلى ما يدور على صعيد الوطن من تمزق وانحلال على امتداد قرن كامل من الزمن. فقد آلمه أن

يكون شاهداً على معاناة شعبه من الفرقة والشرذمة، والرجعية والعمالة، والاغتصاب والابادة:
من وعد بلفور.. إلى تنفيذ الوعد واغتصاب الحق والأرض على أيدي بني صهيون..
من معاهدة سايكس - بيكو.. إلى تنفيذ المعاهدة وتقسيم البلاد..
من اتفاقية كليمنصو ومؤتمر سان ريمون.. إلى تنفيذ الاتفاقية والعمل بتوصيات المؤتمر باقتسام النفوذ على البلاد من قبل الشريكين المستعمرين الفرنسي والانكليزي.. وباستحداث نظام الوصاية، تلك الأكذوبة التي سموها آنذاك "الانتداب"..
وكان هدف المستعمر من كل ذلك تحقيق الغاية الكبرى في خلق ما يسمى بالتعددية الحضارية ضمن المجتمع الواحد لأنه السلاح الأمضى لإلهاء الشعب عن نضاله من أجل وحدة أرضه وحقه في تقرير المصير..

لم تكن هذه الأكاذيب لتنطلي على شيخنا الجليل، الذي عايش الثورة السورية ومواقف قائدها سلطان باشا الأطرش في العشرينات من القرن الماضي، بل زادته تنبهاً لدوره الطليعي في مواجهة المؤامرات والتحديات المحدقة بالوطن والمواطن، فكان شديد التمسك بالوحدة الوطنية وداعياً مرشداً لرسالة العيش المشترك بين اللبنانيين خاصة بعد الأحداث الدامية التي شهدها لبنان منذ العام 1975.

كان يطالب المراجع السياسية كافة بإقامة جسور التعاون بين بلدان العالم العربي للوقوف بوجه المدّ الصهيوني في المنطقة وحماية المقاومة الوطنية المشروعة. كما أنه كان في طليعة الدعاة لتحرير فلسطين من غير الدخول في المساومات والتسويات على حساب أرواح الشهداء الأبرار. حتى أنه طلب مقاطعة الموحدين الفلسطينيين (أي دروز فلسطين) الذين يتعاملون مع السلطة

الاسرائيلية بينما أشاد بأخوتهم الذين رفضوا الخدمة والتجنيد الاجباري في صفوف قوات الاحتلال.

كان الشيخ الجليل مقصداً لكل المؤمنين، مسلمين ومسيحيين، يتباركون من طهارته وينهلون من براءته ويستقون من معرفته. وخير دليل على ذلك تلك الحشود التي أمّت بلدة الباروك لوداعه إلى مثواه الأخير، حيث جاء لبنان بكل طوائفه وفئاته السياسية والحزبية والاجتماعية، هذا الحدث العفوي الذي عكس صورة وطنية بارزة، مذكراً بالمصالحة التاريخية التي حصلت في الجبل مع زيارة البطريرك صفير إلى المختارة. وإن دلّ هذا على شيء فعلى الرغبة العارمة لدى اللبنانيين للمصالحة والوفاق الوطني، علها تنضج وتعطي ثماراً ليهدأ بال شيخنا الجليل.

يرحل الشيخ أبو حسن عارف حلاوي اليوم، مطمئناً لما أعطى وأنجز، وقد ترك وراءه زاداً لكل راغب في الحياة..

فيا راحلنا الكبير...

نقف اليوم على مذبح شموخك وصمودك، وقفة الخاشع المتضرّع، لنستغفر الله أولاً، ولنسألك العفو ثانياً لأننا خذلناك ولم نلب نداءك للوفاق في وقت عزّ فيه النداء.. أما فعل الندامة فلن نأتيه ذكراً عابراً بل عملاً مثمراً مستمراً..

عسى أن يقبل الله لنا توبة ويدخلنا إلى ملكوته في عداد التائبين...

الأمير شكيب أرسلان.. والدفاع عن لبنان

2006/2/19

شكيب أرسلان الذي لقب بـ"أمير البيان"، كان شخصية نادرة، ليس في تاريخ لبنان وحسب، بل في المنطقة العربية بأسرها. أمير في التاريخ والسياسة، في اللغة والبيان، في التصميم والمواقف. إنه رجل عصر كثرت فيه الويلات والنوائب على واقع أمتنا، من مؤامرات ودسائس، وتفتيت وتقسيم، واعتداء واغتصاب وتجويع، جعلت من الأمير ذلك المتيقظ الساهر أبداً على حماية بني قومه، والعامل ما استطاع في مواجهات مستمرة مع الاستعمار مسخراً معارفه وصداقاته وعلاقاته الوطيدة بكبار القادة وزعماء العصر من مختلف البلاد العربية والأوروبية، من أجل الدفاع عن حقوق الانسان العربي بشكل عام وخدمة القضايا الوطنية التي كانت شغله الشاغل طيلة حياته.

أما قصة الأمير في الدفاع عن لبنان ورجالات لبنان، فقد اتخذت منحىً شخصياً للأمير بينت فيه نبل الأخلاق والعفو عند المقدرة خاصة في غض النظر عمن أساؤا إليه في السابق من بين الذين أعادهم إلى لبنان بعد نفيهم من قبل العثمانيين. ويقول شكيب أرسلان في كتابه "سيرة ذاتية" حول نفي بعض الشخصيات اللبنانية إلى القدس: "اغتنمت فرصة نفوذي في أيام الحرب لاسداء كل جميل أقدر عليه، حتى نحو الذين سبقت لهم إساءة إلي. فقد اجتهدت يوم كنت في القدس بأخذ الاذن لهم بالرجوع إلى الوطن".

ولفهم ما كان عليه الأمير شكيب أرسلان من أدب وأخلاق، وعلم ومعرفة، وهيبة ونفوذ، لا بد من إلقاء نظرة ولو خاطفة، على سيرته المليئة بالأحداث والمواقف والمآثر.

1 ـ نبذة تاريخية

ولد الأمير شكيب أرسلان عام 1869 في بلدة "الشويفات" الواقعة جنوب العاصمة اللبنانية بيروت. تلقى دروسه الابتدائية في مدرسة الأميركان ثم انتقل إلى مدرسة "الحكمة" في بيروت حيث تلقى أصول اللغة العربية على يد الشيخ عبد الله البستاني. وفي عام 1886 قضى سنة كاملة في المدرسة "السلطانية" تعلم خلالها اللغة التركية ثم سافر إلى مصر عام 1890 والتقى الشيخ محمد عبده الذي علمه أصول التوحيد والفقه الاسلامي.

في مصر تعرف الأمير إلى شخصيات برزت فيما بعد في التاريخ العربي الحديث نذكر منهم: سعد زغلول، أحمد زكي، علي الليثي، الدكتور عمر صروف وغيرهم. كما التقى الشاعر الكبير أحمد شوقي في باريس خلال العام 1892.

عين قائمقام منطقة الشوف في جبل لبنان عام 1902 ولم يطل عهده هناك إذ عزله المتصرف مظفر باشا ثم أعاده فرنكو باشا عام 1908. وعرف عن الأمير حزمه ومساواته للجميع خلال الفترة التي قضاها في الوظيفة، وهذا لم يعجب ممثلي السلطة العثمانية، مما اضطره إلى تقديم الاستقالة وترك المنصب.

بين سنتي 1911 و1912 مكث شكيب أرسلان في طرابلس الغرب وقتاً طويلاً برفقة القائد العثماني أنور باشا على رأس مجموعة من المجاهدين للقتال إلى جانب الليبيين في حربهم ضد الطليان. ومنذ ذلك التاريخ تولدت لديه قناعة بأن كل مسألة تحررية في أي بلد عربي، تعنيه في الصميم. فنذر نفسه للمساعدة ميدانياً، إن لم يكن بالرجال فبالوساطة السياسية أوالدبلوماسية مستخدماً كل الوسائل المتاحة. انتخب نائباً عن حوران في البرلمان العثماني (مجلس المبعوثان) سنة 1913 وظل فيه حتى نهاية الحرب العالمية الأولى، ثم تنقل بعدها بين لبنان وفلسطين.

سنة 1917 أرسله أنور باشا إلى برلين في مهمة استطلاعية تلتها زيارة أخرى سنة 1918 في مهمة رسمية غرضها الحصول من الألمان على اعتراف باستقلال أذربيجان والطاغستان. ثم انتقل إلى سويسرا بعد أن خسرت الدولة العثمانية الحرب. عاد بعدها إلى برلين سنة 1920 وأسس "النادي الشرقي" وانتخب رئيساً له. وكان قد انتخب في السنة ذاتها عضو شرف في المجمع العلمي العربي في دمشق.

سنة 1921 حضر شكيب أرسلان المؤتمر السوري الفلسطيني الذي انعقد في جنيف، فانتخبه المؤتمر سكرتيراً عاماً له. وقد طالب هذا المؤتمر باستقلال سوريا ولبنان وفلسطين والاعتراف بحق هذه الدول في الاتحاد وإعلان إلغاء الانتداب فوراً. ومنذ ذلك الحين عمل الأمير على التنقل بين الدول الأوروبية لحضور المؤتمرات والاجتماعات بشأن الانتداب الفرنسي ـ البريطاني، في متابعة حثيثة لتحرير المنطقة العربية من الاستعمار الغربي الآخذ بالتوسع ليحل محل الاستعمار العثماني. وكان أن استقر به المقام في مدينة لوزان في سويسرا منذ العام 1925 وتابع من هناك القضية السورية لدى عصبة الأمم في جنيف. وأصبحت سويسرا منذ ذلك التاريخ مركز نشاط الأمير من أجل القضايا العربية حتى العام 1946. ويذكر أنه قلما جاء وفد عربي إلى جنيف أو أية عاصمة أوروبية أخرى للمطالبة بحقوق العرب ولم يكن الأمير من أبرز أعضائه أو من كبار مستشاريه.

قابل موسوليني سنة 1934 للتباحث في القضية الطرابلسية ونجح في إقناع الدولة الايطالية بإعادة 80 ألف عربي إلى ليبيا. سنة 1938 صدر مرسوم جمهوري بتعيينه رئيساً للمجمع العلمي العربي في دمشق.

عاد إلى لبنان سنة 1946 ليستقر فيه ولكن وافته المنية في غضون شهر واحد لرجوعه نتيجة لاجهاد نفسه باستقبال الزوار والرد على الرسائل..

يروي المغفور له الصحافي عبد الله المشنوق عن لقائه الأخير بالأمير في منزله ببلدة الشويفات وقبل وفاته بأيام، إذ طرح عليه السؤال قائلاً: هل سجلت مذكراتك، فأجابه بأن يده لا تقوى على إمساك القلم. فقال المشنوق: أنت تملي علي وأنا أدونها لك، فحرام أن يحرم العالم العربي وهو على عتبة نهضته الجديدة خلاصة تجاربكم واختباراتكم السياسية طوال ستين عاماً من الجهاد. فأجابه الأمير وابتسامة المرارة على شفتيه: هذا يتطلب استذكاراً وحصراً وتنسيقاً ولست قادراً في الوقت الحاضر وحالتي الصحية على ما هي عليه. ثم تابع وهو ينظر إلى من حوله من الأصدقاء: "إنني مريض وأشعر بدنو الأجل، وأحمد الله عزّ وجلّ الذي سهل لي أن أفارق الحياة على أرض هذا الوطن الذي أحببته، وقاسيت من أجله التشرد والنفي والاضطهاد.. أنا سعيد أن أدفن في تربة طاهرة لا ترفرف فوقها راية أجنبية". فرد المشنوق: "لك العمر الطويل إن شاء الله". فقال الأمير: "أتعدني بوصية تنقلها إلى العالم العربي بعد وفاتي؟" "بكل تأكيد" أجاب المشنوق. فقال الأمير بصوت متهدج كادت تخنقه الكلمات: "أوصيكم بفلسطين".

إن في حياة شكيب أرسلان محطات هامة كثيرة لا مجال لذكرها وتعدادها في هذا البحث. وجل ما نرمي إليه من خلال هذه النبذة القصيرة، هو تسليط الضوء على هذه الشخصية النادرة التي تسنى لها اعتلاء أكبر المراكز الحكومية والأهلية في زمن الامبراطورية العثمانية وزمن الانتداب الفرنسي ـ البريطاني، ولم يغب عن بالها الهم الوطني والواجب القومي في لعب الدور الشجاع والمشرف من أجل الكرامة العامة. وكلنا يعلم كيف يتخلى كثيرون حتى عن

كراماتهم الخاصة ويسمحون بما لا يشرّف عندما يدق على الأبواب ما يخدم جشعهم ومصالحهم الشخصية.

2 ـ آثاره ومآثره

كان الأمير شكيب أرسلان من أبرز الشخصيات العربية صدقاً واتزاناً في عصر انحدرت فيه الأخلاق وشاعت النميمة، حيث كان يتسابق "وجهاء" القوم وأبناء العائلات الاقطاعية إلى كسب عطف المستعمر أو المحتل حفاظاً على جاه أو تحقيقاً لمصلحة، حتى ولو اضطرهم ذلك إلى فعل التضليل وخلق الأكاذيب وإلصاق الآخرين بالاتهامات والافتراءات.

ففي الوقت الذي كانت تتلاحق فيه الأحداث في النصف الأول من القرن العشرين وتهدف بمعظمها إلى سيطرة الاستعمار الغربي على القرار الوطني واستغلال الثروات الطبيعية العربية بمساعدة العائلات الاقطاعية وأمراء الطوائف المحلية، انبرى الأمير شكيب أرسلان يشرح الموقف العربي ويطالب بالحقوق المصادرة من أصحابها بعناد وثبات مستخدماً، كما مر معنا، جميع الوسائل المتاحة، من غير أن يأبه للنتائج التي كانت تنتظره وهو الذي عانى ما عاناه من النفي والاضطهاد والاقامة بعيداً عن الوطن، ولم يغير في رأيه أو موقفه شيئاً.

ويذكر أنه بعد الحرب العالمية الثانية، وقع العرب بما حذر منه الأمير، حيث تنكر الحلفاء لوعودهم ومواثيقهم وطعنوا القيادات العربية التي كانت لها الفضل الكبير في القتال إلى جانبهم للتخلص من نير الحكم العثماني. وكان العرب ينتظرون المكافأة التي وعد بها الحلفاء وهي إقامة الدولة العربية الحرة المستقلة. ففي هذا الوقت، وجد العرب أنفسهم بين فكي حصار رهيب: تنكر الأتراك لهم من جهة وخديعة الحلفاء من جهة ثانية. لم يمض وقت حتى

بدأ الأمير بالإعداد لخطة جديدة تساعد الشعب على الخروج من هذا الحصار، فنفض يده من الأتراك وأركان الحلفاء وباشر الدعوة للوحدة العربية. وفي أول لقاء له مع الملك فيصل قال له الأخير: "أشهد أنك أول عربي تكلم معي في الوحدة العربية وأرادها أن تكون وحدة عملية".

أما بالنسبة للآثار الفكرية والقلمية، فإنه بالرغم من القلق الذي كان يرافقه طيلة حياته، لم يترك الأمير شكيب دقيقة واحدة إلا واستغلها للكتابة: لذلك تراه أغنى المكتبة العربية بالمقالات القيمة والكتب المتعددة التي نشرها من نتاجه الفكري والأدبي، نثراً وشعراً، بالإضافة إلى الرسائل التي كان يرسلها إلى أعلام العالم العربي والتي تقدر بالآلاف. ويهمني التنويه هنا بما قدمه الصديق الأديب نجيب البعيني ــ مشكوراً ــ من وقت وجهد لجمع رسائل الأمير في كتاب واحد أسماه: "من أمير البيان شكيب أرسلان، إلى كبار رجال العصر"، الذي صدر عن دار المناهل في العام 1998. وقد تضمن الكتاب معظم الرسائل بخط يد الأمير شكيب أرسلان وهي تعتبر لأهميتها، مرآة لواقع العصر الذي رافقه وتأريخاً صادقاً للمرحلة الصعبة التي عاشتها المنطقة العربية المشرقية.

3 ــ الدفاع عن لبنان

كان يحرص الأمير شكيب في جميع مواقعه، على حفظ حقوق شعبه والمحافظة على سيادته. وكان همه الأكبر تجنيب الشعوب العربية ويلات الحرب والمساعدة ما أمكن عندما يداهم الخطر. وقد بدا ذلك واضحاً في إنقاذ لبنان من خطر المجاعة الذي هدد المنطقة أبان الحرب. كما وقف الأمير بوجه جمال باشا عندما

اقتاد الأخير عدداً من أحرار لبنان إلى دمشق لتوقيفهم والتنكيل بهم. وكان لجمال باشا أن يفتك بالأمير الأرسلاني نفسه لولا تدخل وزير الحربية العثماني أنور باشا الذي كان صديقاً للأمير. وهكذا، بحكم صداقته لأنور باشا، تمكن الأمير شكيب من إنقاذ عدد كبير من اللبنانيين على اختلاف مذاهبهم من حبل المشنقة.
يذكر الأمير شكيب في "سيرة ذاتية" أنه عندما عين جمال باشا في دمشق أخذ يستعرض الذين لم يأتوا إلى الشام لاستقباله أو للسلام عليه. وكاشف الأمير ذات يوم بعزمه على استدعاء بطريرك الطائفة المارونية إلى الشام ليأمر فيما بعد بإبقائه هناك (أي توقيفه). فكان رد الأمير الفوري: "بلغني أن البطريرك مريض والموارنة يتطلعون إلى رضى الدولة وأن عملاً كهذا يكسر خاطر الجميع، ثم أين هي المصلحة في ذلك؟ أنا واثق أنه متى تعافى البطريرك سيأتي إلى زيارتك حتماً". فاقتنع جمال باشا بوجهة نظر الأمير وغض النظر عن استدعاء البطريرك. ويضيف أرسلان أنه أخبر صديقه نجيب باشا الملحمة (ماروني) بالأمر، فنقل الأخير الخبر إلى البطريرك الذي أرسل بعض المطارنة فوراً للسلام على جمال باشا نيابة عنه.

أ ـ عودة المبعدين إلى القدس

يذكر الأمير أنه عندما كان في القدس، وجد نحو عشرين شخصاً من كبار اللبنانيين مثل جرجس أفندي صفا وابراهيم بك عقل وجورجي تامر ونمر شمعون وغيرهم ممن أبعدهم جمال باشا عن لبنان. فلما عرفوا بوجود الأمير شكيب في القدس طلبوا منه أن يتوسط مع جمال باشا ليأذن لهم بالرجوع إلى لبنان. لكن جمال باشا لم يوافق بحجة أنهم على علاقة مع قنصليات الدول المحاربة للدولة العثمانية. فأصر الأمير قائلا: "إنني على استعداد أن أكفلهم

جميعاً وأنني واثق أن ما من أحد يخالف مصلحة الدولة". ويصادف ورود خبر أثناء وجود الامير في القدس مفاده نفي شخصين آخرين من كبار الموظفين هما خليل بك الخوري وسليم بك المعوشي، مما اضطر الأمير إلى إعادة الكرة والطلب إلى جمال باشا بالافراج عنهما. فأسرع الأخير بإعطاء الأمر بإرجاع الجميع إلى لبنان. يقول الأمير شكيب في هذه الحادثة: "تجاوب جمال باشا مع طلبي وهو منذ جاء إلى سوريا مسرور جداً من سياستي وحسن خدمتي للدولة، ولم يطرأ بيني وبينه خلاف إلا فيما بعد أي عندما بدأ بسياسة الشدة والارهاب وأخذ يشنق وينفي".

ب ـ قضية المبعدين إلى الأناضول

بعد واقعة الدردنيل التي ظفرت فيها تركيا، أخذتها النشوة إلى الاعتقاد بأنها قادرة على أي عمل تريده في المملكة إذا أخذت بالحزم، ومن بينها القضاء على الروح العربية في سوريا، هذا الأمر الذي تعهد به جمال باشا شرط إطلاق يده بالعمل.. وهكذا حصل، فبدأ بحملة نفي جديدة ولكنها مختلفة هذه المرة ذلك أن القصد منها هو التغريب والمقايضة الديمغرافية بالإضافة إلى القضاء على الوجاهة اللبنانية القديمة. فأمر بتوقيف من سبق وأبعدهم إلى الأناضول ثم أرجعوا إلى لبنان. وهكذا تم القبض على رضا بك الصلح من صيدا وعبد الكريم الخليل من برج البراجنة ثم قبضوا على أولاد المحمصاني وابن الخرسا من بيروت ثم صالح حيدر من بعلبك وسليم عبد الهادي من نابلس. ومن دون تحقيق أو محاكمة أصدر جمال باشا الأوامر بشنقهم باستثناء رضا بك الصلح لكثرة الذين تدخلوا بشأنه وألحوا عليه للافراج عنه. يقول شكيب أرسلان في هذه الحادثة: "عندما قبض عليهم جمال باشا لم يخطر ببالي سوى أن مسألتهم ستكون عبارة

عن اعتقال مؤقت أو نفي بالكثير". وفي مكان آخر يقول: "خرجت متشائماً جداً بعد سماعي الخبر لأنني لم أكن أتوقع أن جمال باشا سيقتل من هؤلاء أحداً".

ج ـ كتيبة المتطوعين

أصدر جمال باشا أمره إلى قائد لبنان رضا باشا بتأليف كتيبة متطوعين مهمتها الدفاع عن لبنان إذا ما تعرضت السواحل السورية للاعتداء. فلم يقبل أحد بالتطوع مما اضطر جمال باشا الاتصال بالأمير شكيب ليقوم بهذه المهمة. يقول أرسلان: "كان الطلب أن أؤلف كتيبة من ألف وخمسماية شخص فقط. ولما تلقيت الأمر أضطررت أن أعمل بموجبه لأن الاستنكاف عن ذلك كان يمكن أن يحمل جمال باشا على سوق الأهالي إلى الجندية جميعاً إذ لم تكن لدى الأهالي يومئذ طاقة على مقاومة الدولة". حامت حول هذا الموضوع مخاوف كثيرة قبل أن يقتنع الأهالي بوجهة نظر الأمير الذي تغلب عليها بقوة الحجة وبثقة الأهلين به شخصياً. وكان بالنتيجة أن قيدت أسماء المتطوعين حتى بلغ العدد نحو تسعة آلاف رجل. ولدى تلقي جمال باشا الخبر، أبرق إلى الأمير يطلب منه الكف عن التجوال وتجنيد المزيد من الرجال. وهنا يقول الأمير في "سيرة ذاتية": "ربما رأى جمال باشا أن انقياد الأهالي لي إلى هذه الدرجة أمر غير موافق لسياسته فأصدر الأمر بالتوقف". وتجدر الاشارة هنا إلى أن أمر التطوع كان قد اقتصر على الطوائف الاسلامية مما حدا بالأمير لمراجعة جمال باشا فأكد له الأخير بالاكتفاء بالمسلمين والدروز. يقول الأمير: "لم استحسن هذا الاكتفاء خوفاً من أن تحصل عند المسيحيين هواجس وأن يحملوا عدم قبولهم في سلك التطوع على قلة ثقة بهم".

ويضيف في مكان آخر "الحق أنني نظرت إلى هذا الأمر بعين التأمل وعلمت أنه لا يخلص الأهالي من محظور جرهم إلى حرب

الدردنيل وغيرها، إلا بقبول التطوع برضى واقتناع. وبهذا العمل، فقد أنقذت اللبنانيين من خطر سوقهم إلى العسكرية بالقوة".

مهما قيل بالأمير شكيب أرسلان، يبقى ذلك السؤال الذي لا تجيبه الكلمات. ومع هذا لم يفلت من خفافيش الاستخبارات التي راح بعضها يتهجم على الأمير بالاتهام والافتراء. إلا أنه انبرى بالمقابل بعض المخلصين للرد على هؤلاء الأقزام في الدفاع عنه وعن مواقفه المشرفة أثناء الحرب العالمية الأولى، وفي طليعتهم رئيس الجمهورية اللبنانية حبيب باشا السعد.

مراجع البحث

- نجيب البعيني: رجال من بلادي
- شكيب أرسلان: سيرة ذاتية
- نجيب البعيني: من أمير البيان شكيب أرسلان إلى كبار العصر

Martin Kramer: The Arab Nation of Shakib Arslan
Martin Kramer: The European Muslim Congress 1935
Hassan Shami: Emir Shakib Arslan

كمال بك جنبلاط.. الفيلسوف
في خياراته الانسانية والروحية

نشرت هذه المداخلة في جريدة "الجالية" في عدد تموز 2009 لمناسبة الذكرى الستين على تأسيس الحزب التقدمي الاشتراكي (1949 - 2009)

الأول من أيار 2009

ليس من السهل أن يتناول المرء شخصية كبيرة متعددة الجوانب، في الفكر والأدب، في العلم والفلسفة، في الفراسة والاستشراف، في التحليل والاستنتاج، في القيادة والقدوة، مثل شخصية كمال جنبلاط، وإن كان الدافع إلى الكتابة في أغلب الأحيان تأثراً وحماساً لما أنتج وأعطى في حياته أو لما يمثله في حياة بيئته ومجتمعه من قوة تتعدى الحاضر اليائس إلى مستقبل واعدٍ يطفح بالأمان والآمال. وقد يظن الكاتب أنه سيعبر التجربة، تجربة إخراج وتدوين ما يجول في داخله من خواطر متزاحمة ـ على كثرتها ـ بثقة بالنفس وقدرة على التعبير من دون عناء أو تكلف، حتى يدرك الصعوبة ويبلغ الحيرة عندما يجلس للكتابة. ولا غرابة في ذلك، لا بل من الطبيعي أن يتعثر اللسان والقلم وأنت تتحدث عن شخصيةٍ عاليةٍ في المقام وأكبرَ بكثير من الكلمات.. وأجمل تعبير في هذا المجال، ما ورد في كتاب "كمال جنبلاط.. الانسان" لمؤلفه كمال أبو مصلح حيث جاء: "أنت تقرأ بحياة كمال جنبلاط حياة الفضيلة، وبعظمته عظمتها، وبعذابه عذابها. وتقرأ بموته موت الحق، وبهزيمته انتصار الباطل، وتسمع بأقواله صوت الحكمة.."

1 ـ لمحة تاريخية

ولما كانت غاية هذا البحث الإضاءة على كمال جنبلاط الفيلسوف في خياراته الانسانية والروحية، كان لا بد من إلقاء نظرة سريعة على المرحلة التاريخية التي عاش فيها وكان لها الأثر البالغ في تكوين شخصيته وتوجيهه، وبالتالي فهم الظروف المليئة بالأحداث والتطورات والمتغيرات، التي كانت السبب في تحويل مساره "الصوفي" ليدخل المعترك السياسي من بابه العريض، هذه الظروف التي أدخلته بدورها في معاناة إنسانية حادة ـ نتيجة التناقضات الكبيرة التي أحاطت به ـ لازمته طوال حياته ولم تفارقه إلا بعد استشهاده في العام 1977.

ولد كمال جنبلاط مع نهاية الحرب العالمية الأولى (1917) التي انتهت بسقوط السلطة العثمانية واعتلاء الاستعمار الجديد البريطاني ـ الفرنسي على المنطقة العربية، هذا الاستعمار الذي سيتحول فيما بعد إلى "انتداب". وقد تضمنت فترة الحرب دسائس ومؤامرات بارزة قام بها الشريكان المستعمران للهيمنة على المنطقة ومصادرة مواردها وخيراتها، وقد كانت في طليعتها اتفاقية سايكس ـ بيكو ووعد بلفور اللذان عملا على تفتيت البلاد وتقسيمها إلى دويلات. غير أنه لم يكن للمستعمر أن ينجح في غزوه وعدوانه لو لم يتوفر له الدعم من الداخل على أيدي الاقطاع ومؤسسات الطائفية السياسية. وقد حصل هؤلاء على وعد من الانتداب بحماية نفوذهم وسلطانهم. وتجدر الاشارة هنا أنه كان للعائلات الاقطاعية في هذه المرحلة الدور الأساسي في التربية الفكرية والسياسية كما أنه كان لها الدور الفاعل في التركيبة اللبنانية وخاصة في شؤون الحكم والادارة. ومن الطبيعي أن يتأثر كمال جنبلاط بما يدور من حوله لتحديد خياراته وتوجهاته، وهو ابن العائلة الاقطاعية العريقة في ذلك الزمان، غير أن الميل إلى

الخيار الانساني الذي جاء نتيجة مطالعاته واطلاعاته، خاصة فيما يتعلق منها بالتيارات الفكرية الجديدة التي تعرّف عليها في فرنسا من خلال تيير ده شاردان (De Chardin) وهنري برغسون (Bergson) وغيرهما، كان الأقوى لديه، فجعله يسخر السياسة من أجل الفكر بدلاً من أن يسخر الفكر من أجل السياسة. ويقول فيه ميخائيل نعيمة في هذا المجال: "كمال جنبلاط.. هو السياسي بين الفلاسفة والفيلسوف بين السياسيين."

من الواضح أنه، من خلال سلوكه داخل بيئته الاجتماعية، لم يرسم كمال جنبلاط لنفسه الشخصية السياسية التقليدية، كما أنه لم تغرّه مظاهر السطوة والعظمة والقيادة وقد كانت متوفرة له جميعها على طبق من فضة. حتى أنه لم يخطر بباله أن يعمل في السياسة، ليس من باب الرفض المطلق ربما، ولكن من باب عدم الرغبة في أن يكون شريكاً في نظام غير إنساني لا يضمن العدالة للناس والمساواة فيما بينهم. هذا هو الأرجح، خاصة بعد أن تفتحت شهيته على الفلسفات الانسانية والروحية التي كان يطالعها بشكل يومي وتعنى جميعها بالمعتقدات الدينية والفكرية على اختلافها كما تعنى بالحريات وحقوق الانسان.. ويبدو أنه لم يحسم أمره إلا في مطلع الأربعينات، على أثر وفاة ابن عمه حكمت جنبلاط وتسارع الأحداث والتطورات خلال الحرب العالمية الثانية الدائرة آنذاك، حيث وجد نفسه مضطراً إلى الرضوخ لمشيئة والدته السيدة نظيرة ولضغوط العائلة الجنبلاطية، وكان لا بد له من دخول المعترك السياسي لملء الفراغ بعد أن ظلت كرسي الزعامة التقليدية شاغرة لفترة طويلة من الزمن. وكانت تلك، نقطة التحول الحاسمة في حياته. غير أن كمال جنبلاط الذي كانت قد تبلورت مفاهيمه وتمحورت حول النظريات الانسانية، لم يكن ليسلك طريق السياسة اللبنانية التقليدية ــ كما فعل غيره من السياسيين ــ والتي تقوم على الاستعلاء واستغلال النفوذ أو ارتهان المواطن

واستعباده من أجل تحقيق المصالح الشخصية، بل راح يفتش عما يساعد على تحقيق حرية هذا المواطن وحماية حقوقه المشروعة بما أوتي من فكر ومعرفة ونفوذ..

وكانت أبرز الأحداث التي شغلت جنبلاط في تلك المرحلة ـ فترة ما بعد الحرب العالمية الثانية ـ استقلال لبنان والميثاق الوطني (الطائفي) عام 1943، جلاء القوات الأجنبية عام 1944، إنشاء هيئة الأمم المتحدة عام 1945، قيام جامعة الدول العربية عام 1946 والمسألة الفلسطينية عام 1948. وفي هذه المرحلة كان كمال جنبلاط قد استوعب الدور الذي ينتظره، فصمم على المضي قدماً في صراع على جبهتين: الأولى في محاربة الاستعمار الغربي الذي يسعى بقوته المادية وتطوره التكنولوجي إلى ارتهان الانسان والانقضاض على الحقوق الوطنية من أرض ومياه وفكر وثقافة. والثانية في تحرير المواطن من عقدة الخوف وتلقينه الفكر المتطور الذي يتلاءم مع حقه في حياة عزيزة لا ارتهان فيها ولا تبعية. وقد حقق ذلك عبر طرحه للأفكار والنظريات التي تشرح الحقوق الانسانية والعلاقة العضوية التي لا تنفصل بين الروح والمادة في الذات البشرية. ومن الواضح أن أفكاره المعبّرة، في "الديمقراطية الجديدة" و"ثورة في عالم الانسان" و"نحو اشتراكية أكثر إنسانية" وغيرها من الكتابات، كانت تصب جميعها في خدمة الانسان "الذي أخذ يبتعد عن مصدره وحقيقته" كما يقول..

وكان تأسيس الحزب التقدمي الاشتراكي في العام 1949 أبرز المحطات التي كرست زعامته، ليس كزعيم عائلي أو طائفي أو إقطاعي في إطاره الضيق، وإنما كزعيم إنساني يسعى إلى خير وسعادة الانسان داخل حدود الوطن وفيما يتعدى الحدود. وكأني بـ "المعلم" يؤسس مدرسة لا حزباً لبناء وطن جديد شعاره "وطنٌ حرٌ وشعبٌ سعيد".

2 - التأمل والصوفية

من الملاحظ وأنت تقرأ سيرة كمال جنبلاط، أن الملامح العامة لشخصيته تكونت في منتصف الثلاثينات، خلال دراسته الثانوية في معهد القديس يوسف للأباء اللعازاريين في عينطورة. ويشير من عرفه في تلك الحقبة التي قضاها في المعهد، على أنه كان يميل إلى علم الأحياء والفلسفة وكان يقضي أوقات فراغه في المكتبة لمطالعة المجلات العلمية. ومن التقاليد الأرستقراطية المرعية في ذلك الوقت، أن يتابع أولاد العائلات الاقطاعية والبورجوازية الدراسة في كليات الحقوق الفرنسية أو الأوروبية الأخرى، لأن شهادة الحقوق كانت شرطاً ضرورياً للعمل السياسي في لبنان أو لتبؤ منصب مرموق في جهاز الدولة. (خلال فترة الخمسينات والستينات من القرن العشرين شكل عدد النواب المتخرجين من عينطورة وحاملي شهادة الحقوق نسبة 60% من مجموع النواب). غير أن جنبلاط لم يكن قد قرر شيئاً نهائياً في هذا الاتجاه بالرغم من إلحاح والدته "الست نظيرة" التي كانت تحلم بأن ترى ولدها كمال في أعلى المناصب السياسية بعد أن يمسك بزمام الزعامة الجنبلاطية. لكن في هذه الفترة، لم يكن الشاب ليأبه بالمناصب مهما علت، وكان يعيش حياة أقرب إلى الروحية المتواضعة منها إلى الاستعلاء وحب الظهور. أما الخصال التي كانت ملازمة لشخصيته ومنها الحياء والانطوائية والتأمل، لم تكن خافية على أحد ممن عرفوه أو جالسوه أو حادثوه. وكان يصاب بالدهشة من اعتاد على القراءة له أو عنه إذ يكتشف الجديد في كل حديث من أحاديثه وفي كل موقف من مواقفه لكثرة مطالعاته وقراءاته التي كانت توسع آفاقه وتزيده ثقافة ومعرفة. وقد كان كمال واضحاً في طروحاته، جريئاً في آرائه، عنيداً في ثباته، واثقاً في قراراته، قلما تجتمع كل هذه الميزات في رجل

سياسة، لبناني ذلك أن المنهل الذي كان يستقي منه غذاء الروح والمعرفة هو نبع الصفاء بعينه الذي يصلح لكل زمان ومكان.

يقول أرشيبلد روزفلت عن كمال جنبلاط يوم أقام مأدبة غذاء تكريمية له وللوفد المرافق في العاصمة الأميركية واشنطن في العام 1954: "كان لقائي الأول بكمال بك عام 1944 يوم زرت المختاره في لبنان لمقابلة السيدة نظيرة والدته، لكنه كان لقاءً عابراً لم يتم حوار بيننا لسبب ما".

وروزفلت هذا هو الدبلوماسي المعروف نسيب الرئيس تيودور روزفلت وأكبر الملمين بشؤون العالم العربي في ذلك الوقت لسبب أنه كان يحتل مركزاً رفيعاً في المخابرات الأميركية بالإضافة إلى كون زوجته من أصل درزي. ويضيف أمام جمع من الضيوف: "ولم يتم حوار بيننا هذه المرة أيضاً إذ لم يكن كمال بك ضيفاً بشوشاً ولم يتحدث إلينا وإلى الذين دعوناهم للتعرف إليه، بل كان منطوياً على نفسه، عديم الحيلة وكأنه ضائع في عالمه المثالي باختلاف السياسيين اللبنانيين المشدودين إلى واقع الحياة اليومية".. ولما كان الشيء بالشيء يذكر، فمن الضرورة الاشارة إلى الكلمة التي ألقاها كمال جنبلاط في هذه الرحلة منتقداً السياسة الخارجية الأميركية في الشرق الأوسط، خلال احتفال أقامه على شرفه شارل مالك سفير لبنان في واشنطن آنذاك وقد جاء فيها: "إن الشعوب العربية لا تكره الشعب الأميركي ولكنها تكره السياسة الخاطئة التي تنتهجها أميركا في دعم الاستعمار والرجعية في كل بلد امتدت إليه أيديها. نحن لا نريد أن نكون عبيداً تذلنا الحسنة ويحقرنا الاستعمار، وإنما نريد أن نكون أحراراً في بلاد حرة، نمد يدنا إلى الأميركيين كأحرار يصافحون أحراراً.." هذا بعض من كثير صعقت له النخبة التي حضرت الاحتفال من كبار الشخصيات الأميركية، حيث فاجأ جنبلاط ضيوفه بوضوح وجرأة

نادرين حتى صرّح أحدهم قائلاً: "إننا لم نعرف قبل اليوم زائراً ينتقد سياسة بلادنا بصراحة وإخلاص مثل كمال جنبلاط.."

3 ـ المعرفة الجنبلاطية

يتبين لنا مما سبق ذلك الخيط الصوفي الذي يربط فيما بين مراحل حياة كمال جنبلاط ويبرز ميوله الروحانية وانشغاله بالفلسفات الانسانية التي ساعدته في عمله السياسي والاجتماعي ومكنته من معالجة هموم الناس وحل مشاكلهم. أما حالة التأمل التي أشار إليها كل من كتب عن كمال جنبلاط، كانت فعلاً ملازمة له دون انقطاع حتى وهو جالس بين أهله وأصدقائه. فهو يبدو وكأنه في حالة اتصال روحي دائم في عالم غيبي، يفتش عن رؤىً وحلول لما يعانيه الانسان في حياته على الأرض. فهو وإن كان ينظر إلى محدثه إلا أنه يحدق بالبعيد، حتى رأينا الكثيرين من جلسائه ينتقدونه ظناً بأنه لا يعيرهم اهتماماً أو أنه يتجاهل وجودهم..

كانت مصادر جنبلاط المعرفية متعددة ومتنوعة، ومنها اليونانية والصينية والهندية والمراجع الدينية على اختلافها، وقد ساعدته كثيراً في صياغة نظرياته الفلسفية، وخاصة المرجعية الدينية التوحيدية التي تجد جذورها في الفلسفات اليونانية والمصرية والهندية. وهو قد أدرك باكراً بأن كل ما في الوجود معرفة، أما السبيل إلى المعرفة فهو الاختبار الروحي الذي يدخله الانسان مع ذاته في سعي متواصل لبلوغ الحقيقة. وفيما يلي نعرض بإيجاز لنظرياته المعرفية التي تتمحور حول الانسان في حقيقته الانسانية الهادفة إلى تطوره وإبداعه.

أ) في التربية والأخلاق

يعتبر جنبلاط بأن الأخلاق هي جوهر أساسي في الانسان، ومن الضروري العودة إلى اختبارات الأقدمين والاستفادة من تجاربهم

القويمة بحيث تصبح الأخلاق إلتزاماً إرادياً وليس إلزاماً. وهو يرى في هذا، عودة إلى الأصالة وسعياً للنفس في بحثها عن الجمال والحقيقة. ولما كانت التربية تعتبر أساسية في حياة الانسان، فهي لا تتم على مستوى الفكر وحسب، وإنما بالتربية الصحية والجسدية كذلك. وهذا النوع من التربية يؤدي إلى خلق نخبة قادرة على تطوير المجتمع، ومفهوم النخبة هذا مستوحىً من المقاييس الثلاثة التي اعتمدها الدعاة الفاطميون الكبار وهي: الكفاءات العقلية، والأخلاق، والعمل الاجتماعي الاعماري.

ب) في التطور والحضارة

يشمل التطور، بمفهوم جنبلاط، كل ما له علاقة برقي الانسان المادي. أما الحضارة، فهي توفر التقدم الفكري والروحي والمعنوي للانسان، علاوة على حاجاته المادية. يقول في كتابه "فيما يتعدى الحرف" بأن المنجزات العلمية في القرن العشرين قد حولت الانسان إلى حيوان تكنولوجي بدل أن ترتقي به باتجاه تحقيق إنسانيته. ولا غرابة من تخوفه "من هذا التبديل السريع الذي لا يرافقه تقدم روحي وأخلاقي موازٍ بالمقابل". وفي حملة على الغرب المصدّر للآلة المتطورة يقول: "لم يوجد الانسان ليكون غرضاً وعبداً للحضارة، إنما وجدت الحضارة وتطورت لأجله أو على الأقل هكذا يجب أن يكون".

ج) في القيم الروحية والاجتماعية

وهذه القيم هي من المعايير الثابتة للانسان في تفاعله الاجتماعي، لا تتبدل مع تبدل المجتمعات في رقيها وتطورها، لأنها مستمدة من القوانين الطبيعية الثابتة. وعلى حد قول جنبلاط: "قد تتبدل التصورات الدينية وأشكال المذاهب الروحية، ولكن مقاييس الخلق تبقى ثابتة نسبياً لأنها ثمرة انفعال الانسان بمحيطه وبيئته

الاجتماعية". ومثال هذه القيم المحبة، والفرح، والصدق، والتضحية، والوفاء وغيرها التي تستند إلى القوة والشجاعة. وهو يعني القوة المعنوية وليس القوة المادية التي تظهر باستخدام العنف. هنا يلتقي جنبلاط مع غاندي الذي يقول في هذا المجال: "لا يستطيع الانسان أن يزاول اللاعنف ويكون جباناً في الوقت ذاته، ذلك أن مزاولة اللاعنف تستدعي أعظم الشجاعة".

مما لا شك فيه أن معظم المفكرين والعلماء يربطون بين الانسان الفرد والمجتمع بعلاقة جدلية إذ لا يتصورون إنساناً بدون مجتمع أو مجتمعاً بدون إنسان. إلا أن كمال جنبلاط لا يرى في تقدم المجتمعات تطوراً مادياً مستقلاً، وإنما الإحاطة بمفاهيم التطور التي تتلاءم مع تقدم الانسان الحقيقي في إطار القيم الروحية أو المعنوية الثابتة ونظام الأخلاق وأدب الحياة. وهكذا لا يتقدم المجتمع عملياً إلا بتقدم الانسان.

د) في المعرفة والحرية

المعرفة، في مفهوم كمال جنبلاط، هي في ما يتعدى الكلمات والعلوم المادية السطحية إلى المصدر والجوهر أي إلى جذور المعرفة عند الحكماء والأولياء و"في الانتصار على الجهل" كما يقول، ولا يتحقق ذلك إلا بالمعرفة الجوهرية. أما على المستوى الانساني، فالمعرفة هي علاقة المدرِك بالمدرَك. وفي تجاوز هذه العلاقة تقترن المعرفة بالعرفان الذي هو الطريق إلى الحقيقة الجوهرية حيث تصبح المعرفة هي الحقيقة ذاتها لحلول النور، هذا النور الذي رآه جنبلاط: "في القرآن والانجيل على السواء، وفي البدء كان العقل والنور. ومنه تكون كل شيء".. وهكذا فإن المعرفة هي حركة متواصلة باتجاه الحقيقة الجوهرية كمن أضاء نوراً في نفسه يستضيء به على الدوام.

أما مفهوم الحرية، فهو يختلف لدى جنبلاط في المنحى الاجتماعي أو السياسي عنه في المنحى المعرفي. ففي الأول تبقى الحرية نسبية خاضعة لمعايير الزمان والمكان والمعتقد، بينما هي في الثاني "محض داخلية". وتوصل جنبلاط إلى الكشف على أنها والسعادة شيء واحد إذ يقول: "كانت الحرية دائماً الرفيقة الخفية للذات الداخلية، وسعادة للأحرار لأن السعادة والحرية شيء واحد". ويخلص إلى أن في النهاية تظهر الوحدة المتكاملة بين السعادة والحرية والمعرفة لأن مصدرها العقل الذي هو الشرعة الداخلية لكل كينونة وصولاً إلى العقل الأرفع أو الله..

هـ) في السياسة والروحانية

السياسة، بنظر كمال جنبلاط، تهدف إلى تحقيق بناء المجتمع الأمثل، "هي فن الحكم ومحاولة للتوفيق بين ما يجب أن يكون وما هو كائن، أي بين الواقع والمثل الأعلى". وكان عمله السياسي، باختلاف جميع السياسيين، على قاعدة روحية يهدف إلى تحقيق الطمأنينة الاجتماعية والعدل والمساواة. أراد، من خلال طرحه لمشروع "عقلنة السياسة" في لبنان والعالم العربي، الانتقال بالشعب من حالة السياسة المتخلفة القائمة على المذهبية والطائفية، إلى حالة "العلمنة" القائمة على "المعرفة والنشاط" كما عبر عنه: "لا نريد في أي حال إقحام الدين في السياسة، إلا بما تفرضه الأخلاق في استيحاء مبادىء الروحانية السامية. إنما نريد نظاماً علمانياً ينسكب فيه أعلى ما في الأديان من روحانية ومبادىء".
احتلت السياسة حيزاً واسعاً في حياة وفكر جنبلاط بالرغم أنها فرضت عليه، كما مر معنا، لكنه لم يجعلها هدفاً أو غاية بحد ذاتها، بل وسيلة إلى تحقيق "السلام"، وكان توجهه دائماً إلى الينبوع والبحث عن الروحانية والصوفية بالمطالعة والتأمل الروحي، وقد أكد هذا في حديث صحفي أجراه معه الصحافي

الفرنسي فيليب لابوستر ال قبيل "استشهاده" بقليل إذ قال: "أعتقد أنني سأتحول عن السياسة بالتدريج.. إلى مباحث ثقافية وروحانية تخدم السلام، وعلي كذلك أن أهتم بنشر مؤلفات في البحث الصوفي في اللغات الثلاث، العربية والفرنسية والانكليزية..". كما يؤكد في مكان آخر أهمية الاتصال الروحي أو التأمل الذي كان يمارسه، وقد ساعده على تجاوز كثير من الاشكالات: "لو لم أقم باستمرار بهذه العملية التأملية الجذرية، لما كانت لي هذه القدرة على الكفاح المتواصل في سبيل الناس، في المجالين السياسي والاجتماعي".

و) في المشاهدة والتأمل

يرى كمال جنبلاط أنه وإن اختلفت الممارسات والطقوس الروحانية من دين إلى آخر، إلا أن جوهر الأديان واحد، وإن الساعي إلى الجوهر لا يتوقف عند "تعرجات المسلك". أما الصلاة التي يأتيها المسلمون والنصارى والموحدون، إنما هي صلاة الروح والمدخل إلى جوهر الأديان. ويقول فيها: "هي جميعها وسيلة وتجمّع وتهيؤ إلى الصلاة الحقيقية، صلاة الروح: صلاة الأزل بالأزل والقدرة بالقدرة والنور بالنور، وعي الحياة للحياة والوجود للوجود.."

وكما أن مختلف المذاهب والمعتقدات تلتقي في الجوهر الواحد، فهي تلتقي أيضاً في المصدر الواحد. وبحسب مفهوم جنبلاط، لا يكفي الانسان أن يتعبد الله بالكلمات وتلاوة الصلاة، بل لا بد من إدراكه بالمعرفة المعمقة إذ "عابد الله بدون معرفة كمن يعبد الهواء". كما يقول في وحدانية الله: "وجميع الأشياء مصدرها ومرجعيتها الواحد الأحد الفريد بذاته." وهذه المعرفة للحقيقة الالهية أو "المطلق" كما يسميه، توجب علينا "أن نعبد الله لا الطريق أو الوسيلة أو النهج الذي يوصل أبناء هذا العالم بالكائن

الواحد القادر. والله لا يفتش عنه في سماء ولا هو في أرض ينبش عنه، إنما هو الباطن القائم في أعماق أسرارنا الكامنة في ذاتنا..." وكمال جنبلاط الذي اطلع على الأديان ووحد بينها، تعداها فيما بعد بنظرة توحيدية صوفية متخطياً جدلية الظواهر إلى جدلية الحقيقة. ويقول: "تعرفت على أديان كثيرة من مسيحية وإسلامية، تعلقت بها فترة لكنني رأيت نفسي أتخطاها جميعاً". لقد سلك درب المعرفة التوحيدية في غايتها البعيدة التي تتعدى الوسائل لتبلغ العزيز في عزته ووحدانيته. وهذه المشاهدة العقلية بما فيها من تجلٍ وتأمل، هي بنظر جنبلاط الهدف النهائي للكشف والاطلاع. وهو يعتبر: "أن كل شيء ينزع إلى الفكر، يرتفع إلى العقل المشاهد، أي إلى الاشراق في التأمل".

4 ـ الفيلسوف المتصوف

إن المحطات الهامة في حياة كمال جنبلاط، الانسان والسياسي والمفكر، التي تضمنتها هذه الدراسة المتواضعة، كذلك العناوين البارزة في فكره الانساني والروحاني، قد تلزمها مجلدات لشرحها وتحليلها والاطلاع على مكامنها الفكرية لما تضمنت من دراسة ومراجعة وتعمق واستشراف من قبل الفيلسوف المتصوف، وإننا على يقين مهما عظمت المداخلة، لن تفي الرجل الكبير حقه. غير أن ما دفعنا إلى هذه المحاولة، هو الشعور الذي تولد لدينا، في هذه الذكرى الستين لتأسيسه الحزب التقدمي الاشتراكي، بضرورة مراجعة الأسباب والظروف التي أدت به إلى التأسيس الذي يعتبر محطة هامة في تراثه الانساني والسياسي على حد سواء.
لم يؤسس كمال جنبلاط الحزب التقدمي الاشتراكي حباً بجاه أو موقع أو نفوذ سياسي، وهو الذي أرغم على دخول المعترك السياسي إرضاءً لوالدته ولتقاليد العائلة.

وهو لم يؤسس الحزب تجاوباً مع موقعه الاجتماعي في مصادرة حرية الانسان واستغلاله من أجل مكاسب ومصالح شخصية كما يفعل الاقطاعيون التقليديون. لم يكن أصلاً بحاجة إلى هذا وهو ابن العائلة الجنبلاطية العريقة بالجاه والمال والمحازبين.

هو لم يؤسس الحزب لتوجيه أنصاره ومؤيديه ضد الأحزاب الأخرى والسياسيين العاملين بظل النظام الطائفي القائم، وإن كان بطبيعة فكره وتوجهه أن يسقط هذا النظام القاصر. ورب قائل يقول، لقد أمضى كمال جنبلاط حياته السياسية في صف المعارضة. فكيف يمكن الاعتقاد بأنه لا يعمل على اختراق النظام والأحزاب المنضوية تحته..؟

وهنا برأينا يكمن بيت القصيد. فكمال جنبلاط كان يعمل من منطلقات مثالية لا مكان لها داخل النظام اللبناني القائم على الطائفية والعشائرية، ومن الطبيعي أن يكون دائماً في صف المعارضة، ليس من باب العداء لأحد وإنما انسجاماً مع مفاهيمه ومبادئه الروحانية التي تهدف إلى التغيير اللاعنفي في حياة المجتمع وقد ثبت له عقم مثل هذا النظام وقصوره في ضمان خير وسعادة الانسان. وإن الحزب التقدمي الاشتراكي، بحسب اعتقادنا، كان المؤسسة البديلة والنافذة التي أراد أن يطل منها جنبلاط على جمهور المواطنين لنشر تعاليمه وفلسفته في الحياة، مخترقاً التقاليد والأعراف السياسية التي كانت سائدة في عصره ورسالته إلى العالم المحبة والمساواة بين الناس. لم يكن الحزب بهذا المعنى، منبراً لإلقاء الخطب والنظريات، وإنما مختبراً لمدى اقتراب النظرية أو بعدها عن الانسان وجوهره من خلال فعلها وتفاعلها في المجتمع، ذلك أن أهمية الانسان تبرز من خلال وعيه لنفسه وللعلاقات الاجتماعية التي ترعى دورة الحياة بكل وجوهها.

كمال جنبلاط.. الفيلسوف في خياراته الانسانية والروحية، اتجه إلى العمل السياسي وفي جعبته أفكار كثيرة لتطوير المجتمع،

ومثل هذه الأفكار ما جاء في تعريفه للعمل السياسي إذ قال: "هو عملية نفسية روحانية غايتها الجوهرية إتمام وتحقيق واكتشاف الذات الحقيقية". وقد عمل فعلاً باتجاه ما يحقق النظرية، متأثراً بـ "غاندي" باختلاف عمل السياسيين الآخرين. وفي الحرية السياسية يقول: "يجب أن تكون التزاماً بأهداف التطور الحياتي الشامل. وهذه الأهداف ترمي إلى إبداع الأفضل والأسلم والأقدر كفاءة، وإلى تمثيل القيم الخلقية والمعنوية والروحية التي تؤلف جوهر وروح المجتمع.."

بهذا الصفاء الفكري والرؤية الروحانية الواضحة، جعل كمال جنبلاط من هذه القيم الروحية غاية الحزب التقدمي الاشتراكي، كما جعل من الحزب مدرسة أخلاقية عالية تحفز المواطن على إدراك الحقيقة الجوهرية، وهناك الانتصار العظيم..

مراجع البحث

- إيغور تيموفييف: كمال جنبلاط.. الرجل والأسطورة
- كمال أبو مصلح: كمال جنبلاط الانسان
- كمال جنبلاط: مقدمة كتاب "أضواء على مسلك التوحيد"
- كمال جنبلاط: أدب الحياة
- كمال جنبلاط: هذه وصيتي
- نازك أبو علوان عابد: كمال جنبلاط.. المعلم والقائد
- كمال جنبلاط: ثورة في عالم الانسان
- كمال جنبلاط: نحو اشتراكية أكثر إنسانية
- كمال جنبلاط: فيما يتعدى الحرف
- ميخائيل نعيمة: مقدمة كتاب فرح لكمال جنبلاط
- رشيد حسن: جريدة الأنباء

سعيد تقي الدين

"الفكر الحاضر المغيّب"

في الذكرى الستين على رحيل الأديب سعيد تقي الدين المدرسة الفكرية الحاضرة المغيبة

2020/11/15

في الذكرى الستين على وفاة الأديب اللبناني المبدع والكاتب الساخر سعيد تقي الدين، الذي رحل إثر نوبة قلبية في مستهل اغترابه الثاني في جزيرة سان أندروز – كولومبيا، في 9 شباط عام 1960.

ستون عاماً انقضوا على رحيله من دون أن يقال فيه كلمة، ولو بذكر عابر، وهو الذي ملأ الدنيا في الخمسينات من القرن الماضي، ببديهته المدهشة وأدبه الساخر ومسرحه الرافض، وقد خاض معارك سياسية طويلة في مواجهة الفساد المستشري الذي كان يغطيه الإقطاعان السياسي والطائفي، هذا الثنائي الذي كان

ولا يزال يتحكم برقاب العباد بمظلة الغرب المتسلط على القرار الوطني.

سعيد تقي الدين.. هو ليس للكلام عنه عرضاً..! بل للتوقف عنده تأملاً ودراسةً واستنتاجاً، لأنه المدرسة التي أراد أعداء الفكر والنهضة طمس معالمها تأثراً بغيهم وارتباطهم بمكنونات الجهل والتخلف من ناحية، وخوفاً من عاقبة فعلهم أو عقاب الوصي العابث بأدبنا وتراثنا الوطني من ناحية ثانية.

ولماذا تسدل ستار الحقد على أدب سعيد تقي الدين من مراجع رسمية وأهلية وهو الذي اعتبر، بنظر كل من تسنى له التعرف عليه بشخصه أو بأدبه، ثورةً فكريةً وفتحاً جديداً في مواجهة الواقع المتردي الذي كان يعيشه لبنان والمنطقة ولا يزال..؟ قبل الإجابة على السؤال وعرض الأسباب التي حالت دون "تسويق" وتكريم هذا الأديب العملاق، لا بد من إلقاء نظرة سريعة على سيرته، القصيرة نسبياً، وما رافقها من مواقف ومحاولات إصلاحية انعكست في مؤلفاته نقداً موضوعياً لاذعاً في اتجاهات أدبية وسياسية متعددة.

أولاً: السيرة

ولد سعيد تقي الدين في بلدة بعقلين ـ لبنان عام 1904. درس في المدرسة الأنطونية خلال الحرب العالمية الأولى ثم انتقل إلى الـ "انترناسيونال كوليدج" في العاصمة بيروت عام 1918 حيث تابع دراسته الثانوية ليلتحق فيما بعد بالجامعة الأميركية إلى حين تخرجه عام 1925. وفي كانون الأول من العام ذاته هاجر إلى الفليبين حيث عمل في حقل التجارة من دون أن يتوقف عن الانتاج الأدبي والمسرحي. وفي العام 1948 عاد إلى لبنان لينهي اغترابه الأول الذي دام ثلاثة وعشرين عاماً.

استقر سعيد في لبنان بين عامي 1948 و1958، لينصرف كلياً إلى الكتابة والعمل السياسي حتى تاريخ مغادرته الوطن في 9 أيلول 1958 إلى المكسيك ومنها إلى جزيرة سان أندروز في كولومبيا، ليبدأ اغترابه الثاني بعد أن أنهى تأليف كتابه الأخير بعنوان "أنا والتنين" الذي صدر بعد وفاته. ولم يطل هذا الاغتراب عليه كسابقه بل تمكن منه "التنين" الذي كان يصارعه سعيد طيلة حياته، ورحل في التاسع من شباط 1960 وهو لم يكن قد بلغ السادسة والخمسين من العمر، تاركاً وراءه إرثاً أدبياً رائعاً في مضمونه الغني وأسلوبه الإبداعي.

ثانياً: النتاج الفكري والأدبي

توزع نتاج سعيد تقي الدين الفكري والأدبي بين المسرح والقصة القصيرة والمقالات السياسية والأدبية والصحافية. وقد كان بارعاً مبدعاً في سائر هذه الفنون.

1 ـ المسرح السياسي

في بحث للكاتب الصديق جان دايه، (وهو أفضل من قدم سعيد تقي الدين إلى جمهور القراء من خلال أبحاثه ودراساته الميدانية) يقول: "في ختام عام 1923 الدراسي، رفض سعيد تقي الدين ــ وكان في الثامنة عشرة ــ الاشتراك في تمثيل مسرحية "الفارس الأسود" المترجمة، على خشبة مسرح الوست هول التابع للجامعة الأميركية في بيروت، ولسان حاله يقول: "نحن نخلق مسرحنا حين نخلق مسرحياتنا".

وقد عمل سعيد بالفعل بتصميم واثق ليخلق المسرحية الوطنية، خلال صيف 1923 الذي أمضاه في مدينة بعلبك حيث كان والده الشيخ محمود تقي الدين قائمقاماً، فألف باكورة مسرحياته بعنوان

"لولا المحامي" التي طبعتها جمعية العروة الوثقى وقدم لها الشاعر الكبير خليل مطران. والجدير بالذكر أن سعيداً كان قد انتسب إلى الجمعية (داخل الجامعة الأميركية) عام 1921 وتولى عدة مسؤوليات فيها إلى أن أصبح رئيسا لها ورئيساً لتحرير مجلتها "العروة الوثقى" عام 1923.

وكانت المسرحية الثانية عام 1925 بعنوان "قضي الأمر". أما المسرحية الثالثة "نخب العدو"، فقد كتبها في مانيلا عام 1937 وطبعت في بيروت عام 1946 مع مجموعة قصص قصيرة بعنوان "الثلج الأسود". وفي العام 1944 نشر المسرحية الرابعة بعنوان "الدروب الموحشة" وعام 1948 المسرحية الخامسة بعنوان "حفنة ريح". وأصدر في العام 1952 مسرحية "المنبوذ" التي نالت جائزة "جمعية أهل القلم".

كانت نشأة المسرح السياسي في لبنان مع عرض مسرحية "البخيل" التي ترجمها واقتبسها مارون النقاش عام 1847 (يذكر أنه قدمها في حديقة منزله). وقد برز فيما بعد عدد من المسرحيين الذين شغفوا بهذا الفن لكنهم لم يستطيعوا احترافه لأنه كان مكلفاً في ذلك الوقت، ومنهم على سبيل المثال: سليم النقاش، أديب اسحاق، يوسف خياط، سليمان القرداحي وغيرهم. وبقي الفن المسرحي مغيباً عن دائرة الفنون حتى مطلع القرن العشرين حيث ارتبطت نشأته بتطور الحركة المسرحية في الغرب خاصة في ألمانيا بعد الحرب العالمية الأولى. فقد اتجه العديد من المسرحيين إلى استخدام وسائل فنية مستحدثة للتعبير عن الموجات الفكرية والسياسية في ذلك الوقت وفي مقدمة هؤلاء إيروين بيسكاتور الذي أصدر كتاباً عام 1929 حمل اسم "المسرح السياسي" وهو يعتبر الرائد في هذا المجال.

أما في لبنان، فقد كانت هناك بعض المحاولات الخجولة إلا أنها لم تظهر إلى العلن باستثناء مسرحية "لولا المحامي" عام 1923 لمؤلفها سعيد تقي الدين، والتي كانت فاتحة لنشأة المسرح السياسي الوطني وقد استتبعها عدد من المسرحيات، كما مر معنا آنفاً. لذلك يمكن القول وبكل تأكيد أن المسرح السياسي اللبناني بدأ مع سعيد تقي الدين، ومن المستغرب أن يهمل المؤرخون والمسؤولون في لبنان ذكره، وإن لهذا الأمر أسباباً سنبينها لاحقاً.

2 ـ المقالات الصحافية والقصص القصيرة

خلال العام 1921، نشر سعيد تقي الدين العشرات من المقالات والقصص القصيرة في بعض الدوريات البيروتية والعربية ومنها "المعرض" لميشال زكور و"المرأة الجديدة" لجوليا طعمة و"البرق" للأخطل الصغير. وفي عام 1946 أصدر مجموعة قصص قصيرة بعنوان "الثلج الأسود" ومجموعة أخرى عام 1948 بعنوان "موجة نار".

انتخب سعيد تقي الدين عام 1948 رئيسا لجمعية خريجي الجامعة الأمريكية، ثم أعيد انتخابه لدورة ثانية. خلال رئاسته تم بناء نادي الخريجين وأصبحت مجلة الجمعية "الكلية" التي رئس تحريرها وكتب افتتاحياتها بمصاف الدوريات الإنكليزية المرموقة.

بين 1947 و1950، نشر العديد من المقالات في بعض الدوريات البيروتية وفي طليعتها جريدة "بيروت" لصاحبها محيي الدين النصولي و"بيروت المساء" لعبد الله المشنوق و"الصياد" لسعيد فريحة و"الحياة" لكامل مروة.

أصدر في العام 1951 كتاب "غابة الكافور" وفي العام 1954 كتاب "ربيع الخريف". ويضم الكتابان مجموعات من القصص القصيرة.

3 ـ المقالات الأدبية والسياسية

ـ انتمى سعيد تقي الدين إلى الحزب السوري القومي الاجتماعي في تشرين الأول عام 1951 وأصبح بعد أقل من عامين منفذا عاما لمنفذية بيروت. وفي العام 1952 قدم مسرحية "المنبوذ" التي نالت جائزة "جمعية أهل القلم" كما ذكرنا آنفاً، وهي من وحي العقيدة القومية الاجتماعية.

ـ انتمى إلى جمعية "أهل القلم" الأدبية في العام 1954 وأسس "لجنة كل مواطن خفير" وتولى رئاستها.

في العام 1955 أصبح عميدا للإذاعة في الحزب القومي وتولى الدفاع الإعلامي عن الحزب إثر مصرع الضابط عدنان المالكي في دمشق وحكم عليه بالإعدام غيابيا.

ـ أصدر في العام نفسه (1955) كتاب "سيداتي سادتي" وهو مجموعة خطب، وكتاب "تبلغوا وبلغوا" الذي تضمن مقالات عقائدية وسياسية قومية اجتماعية.

ـ أصبح عميدا للخارجية في الحزب القومي عام 1956. وفي العام 1957 أصدر مجموعة مقالات أدبية واجتماعية بعنوان "غبار البحيرة" وأخرى بعنوان "رياح في شراعي". كما أصدر في العام نفسه ثلاثة كراريس بالإنكليزية بعنوان Arab World "العالم العربي" وضمّنها نقداً لاذعاً للإنكليز والأميركيين واليهود والنظام اللبناني وبعض رموزه. وقد صدر كتابه الأخير بعنوان "أنا والتنين" عام 1960 بعد وفاته كما مر معنا، وهو يتضمن بعض الجوانب من تجارب واقعية وأحداثٍ رافقها قبيل رحيله إلى كولومبيا.

*****

من الفلبين إلى كولومبيا مروراً في لبنان.. !

في مراجعة لسيرة أديبنا الكبير، في الوطن والاغتراب، يتبين لنا أن المرحلة الذهبية في حياته الفكرية والأدبية والحزبية كانت بين العامين 1948 و1958 أي من تاريخ عودته من الفلبين إلى تاريخ مغادرته إلى كولومبيا. عشر سنوات تزدحم بالإنتاج الأدبي والمسرحي والتوجيهي. لقد هاله، بعد عودته من الفليبين، ما يدور على أرض الوطن من فساد وجهل وعمالة لمصلحة العدو الاسرائيلي. هذا العدو "المقنع" الذي عرف كيف يخترق مجتمعاتنا العربية ويستمر في استغلالها لتثبيت قدميه على الأرض التي اغتصبها في فلسطين ومنها لتنفيذ الخطة التوسعية في المنطقة على حساب أرضنا وإنساننا. لقد أدرك سعيد منذ اللحظة التي وطأت قدماه أرض الوطن أنه سيكون في مواجهة شرسة مع أعداء الأمة وعملائها في الداخل.

وكانت الأداة التي استخدمها سعيد للمواجهة سلاحاً حضارياً وإن كانت ممارسات الأعداء همجية. فقد استغل وجوده في مختلف المؤسسات التي يرأسها ليجعل منها منبراً إعلامياً فاعلاً: فمن جمعية خريجي الجامعة الأميركية إلى جمعية أهل القلم الأدبية، إلى لجنة "كل مواطن خفير" التي أسسها وتولى رئاستها عام 1954. كذلك فعل من مواقعه المتعددة في الحزب السوري القومي الاجتماعي كمنفذ لمنفذية بيروت وعميد للإذاعة ثم عميد للخارجية. أضف إلى ذلك مقالاته السياسية التي كانت تنشر في الدوريات البيروتية مثل مجلة "الكلية" وجريدة "بيروت" و"بيروت المساء" و"الصياد" و"الحياة" وغيرها.

عشر سنوات قضاها سعيد في لبنان قبل أن يغادر في رحلة اغترابه الثاني القصيرة. عشر سنوات تضج بالأحداث المثيرة

وتختصر سيرة الرجل الكبير الذي لم يطأطىء رأسه إلا لقدره في كولومبيا. حكم عليه في دمشق بالإعدام مرتين. وقد لاحقه المكتب الثاني السوري في لبنان طوال سنوات (1955 - 1958) كما لاحق رفيق عمره غسان جديد. نجح العملاء في اغتيال غسان ولكنهم لم يتمكنوا من سعيد الذي كان يتنقل متخفياً من مكان إلى آخر، ليفوت الفرصة على مضطهديه ومطارديه. وما لبث أن قرر الرحيل إلى كولومبيا وغادر لبنان في 9 أيلول عام 1958.

من هنا، نتبين كيف كانت إقامته القصيرة في لبنان، هي الألمع والأكثف في أحداثها لما تضمنته من إبداع فكري وأدبي ومواقف إنسانية نادرة وكفاح وطني لا يهدأ. ولهذا اخترت عنوان هذه الفقرة من البحث للإضاءة على هذه الفترة المشرقة حيث قلت: **من الفلبين إلى كولومبيا مروراً في لبنان..** !

ثالثاً: الخصائص المميزة في أدب سعيد تقي الدين

إن الميزة الأساسية في أدب سعيد تقي الدين، هي تلك البديهة الحاضرة والسخرية الدائمة اللتان تغطيان الحيّز الأوسع من نتاجه الأدبي المنوع. ولم تأتِ السخرية في كتاباته للترفيه عن القارىء، وإنما استهدافاً لبلورة فكره أو فكرته سلباً أو إيجاباً، بقالب مشوق من المبالغة والعمق مصحوب بكثير من خفة الدم والحكمة بحيث يثير الإحساس من أعماقه ويبعث على الشفاه ابتسامة الإعجاب والرضى.

ومثال ذلك ما أورده سعيد في العام 1955 إذ قال: "إن تركيا واسرائيل تكمل احداهما الأخرى اقتصاديا وكانتا حليفتين أو ما يقارب ذلك سواء في التصويت في مجالس الأمم المتحدة أو في

تغيير شارات "صنع في اسرائيل" وتحويلها إلى "صنع في تركيا" من أجل تسهيل تهريب المنتجات الإسرائيلية إلى أسواقنا.
وتركيا، وهي قوة استعمارية سابقة، كانت قد ضمت إليها سنة 1936 أقساماً من شمال سوريا. ومبعوثوها مشغولون الآن في حلب وأماكن أخرى بالتبويق: "سوف نعود". (كم ينطبق هذا على الواقع الحاضر).

وتجد الأسلوب ذاته فيما نشره سعيد عن لجنة "كل مواطن خفير" ومنها: "منذ اسبوعين جاءني صاحب معمل. فقال لي وصوته يرتجف إن في بيروت معملاً يملكه يهود من "اسرائيل" وإنه يقدر أن يثبت ذلك. فقلت تفضل واكتب لي تقريراً فاصفر وجهه واعتذر. قلت، قل لمحاميك أن يكتب تقريراً فانصرف واعداً بذلك وهو يتطلع إلى الوراء إن كانت هنالك أشباح تطارده.

مما الخوف؟ هذه بلادنا — بلادنا المستقلة السيدة. هذه بلادنا وحفنة من خونة وعمال لليهود نقدر أن نطيرهم بعطسة.. ولكن يجب أن نتعلم كيف نعطس...!"

ومثل هذا الأسلوب زخر به أدب سعيد تقي الدين حتى في "رفات جناحه" القصيرة، حيث يقول في إحداها: "رجل أبيض دخل ألاسكا ظنه الأسكيمو من الآلهة. وبعد أسابيع طلب امرأة يضاجعها فتحقق الأسكيمو أن الرجل الأبيض ليس من الآلهة بل "أخو شليتة.. إنسان." وفيما يلي بعض الأمثلة على ما ورد في خواطره القصيرة التي جاءت تحت عنوان "رفة جناح":

- "أفصح ما تكون به القحباء، حين تحاضر في العفاف".
- "لو أردت اغتيال عدو لا تطلق عليه رصاصة، بل اطلق عليه إشاعة".
- "فرح الحمار حين ربطوه في اصطبل الحصان، فأكل في معلف الجواد ولبس سرجه ثم شاء أن يظهر فرحه فنهق ولم يصهل".

إن أهم ما يثير فيك الدهشة وأنت تقرأ سعيد تقي الدين، ذلك التناسق العجيب الذي يربط به فصول قصته أو أحداثها وأبطالها أو فقرات مقالته التي تضج بالحياة والحيوية. وكأن بهذا الربط المتقن ما يشد القارىء إلى الالتصاق بعالم الكاتب، فيشعر بنفسه قريباً منه وشاهداً حياً على ما يرى ويسمع ويتحسس.

*****

لم يمسك سعيد تقي الدين في يوم من الأيام سلاحاً ليغدر به أو ليرد عنه تهجم المتبجحين المزيفين بقناع الوطنية. لكنه أمسك بقلمه الذي هو أمضى من السلاح ورشق بكلمات تعجز عنها الرصاصات. وكانت مقالاته التي تنشر في الدوريات البيروتية والدمشقية محط اهتمام الطاقم السياسي في لبنان وسوريا، والكل يترقب إن كانت ستنال منه شظاياها، لأن سعيد الكاتب، لا يرحم بكتاباته ولا يساوم في مواقفه وإن كان "الشيخ سعيد تقي الدين" - ابن بعقلين — هو سيد الآداب والمجاملة. من أجل هذا، أغرقته دمشق بأكثر من تهمة وحكمت عليه بالإعدام غيابياً أكثر من مرة، كما حاول أركان الحكم في لبنان إبعاده عن المواقع الإعلامية ليتخلصوا من هاجس انتقاداته وسخريته، (وخوفاً على فضائح قد تنالهم ربما..) ولكنهم لم ينجحوا.

تلقى عروضاً من مراجع مختلفة ليتسلم مقامات رفيعة في الدولة، علهم يبعدونه عن دائرة الإعلام وظناً بأنهم يرضون فيه غروراً. لكنه رفض بشكل قاطع لأنه لم يرضَ بأن يكون جزءاً من النظام الطائفي الفاسد السائد، أو شاهد زور على ما يجري من خلاله من جور بحق المواطنين، مع العلم أن أربعة من أخوته توزعوا في "مزرعة" الدولة اللبنانية بين وزير ونائب وسفير ومدير عام. فكان خليل سفيراً، وبهيج نائباً ووزيراً لعدة دورات، ومنير مديراً عاماً ثم سفيراً، وبديع مؤسساً وعميداً لكلية الرياضيات في

الجامعة اللبنانية. أما الشقيق الأصغر نديم، فكان يعمل في التجارة وعاش بعيداً عن الأجواء السياسية والاعلامية.

ذكرنا أن إقامة سعيد تقي الدين في لبنان بين الاغترابين، الفلبيني والكولومبي، كانت قصيرة نسبياً بالرغم من احتوائها على كثافة في الانتاج الأدبي والإبداع الفكري، كما كانت المدى الأوسع لكاتب كان يمكن أن يغني المكتبة العربية بكم أكبر من الذي تركه لكن سعيداً قرر مغادرة الوطن، ليس حباً بالسياحة والسفر أو هرباً من واقع مؤلم كان يزعجه، وإنما سعياً وراء عمل يؤمن له بعض المال لإيفاء ديونه التي تراكمت عليه في المدة الأخيرة، وليس من مورد له، من جراء تخفيه الدائم عن أنظار ملاحقيه المخبرين المكلفين باغتياله. وكان أن غادر إلى كولومبيا كما أشرنا في أيلول 1958 وتوفي في التاسع من شباط 1960.

***

نعود إلى التساؤل الذي أوردناه في بادىء هذا البحث لنكرر القول: لماذا تسدل ستائر الحقد على أدب سعيد تقي الدين.. وما ذنب هذا العملاق، الذي حلق في فضاء النسور، لتعبث بفكره وأدبه أقزام السراديب الجاهلة وخفافيش الليل القاصرة..؟ سنأتي حتماً على الأسباب التي حالت دون تكريمه أو ذكر اسمه حتى في المجالات التي أبدع فيها. ولكن اسمحوا لي أن أشير أولاً إلى القصة التي ظهّرت أدب سعيد تقي الدين على يد الباحث والصحافي جان داية (وكان لي فيها دور بسيط) وجعلت دار النهار، حيث يعمل جان، تتحمس لتنشر آثاره الكاملة فيما بعد.

وتبدأ القصة عام 1966 حيث كنت طالباً في الجامعة اللبنانية ـ كلية الحقوق، الواقعة في محلة الصنائع في بيروت، مقابل مبنى جريدة النهار. وكانت معرفتي بالصديق جان داية آنذاك في

بداياتها من خلال عملي الصحفي في مجلة "المجالس المصورة"، ومن خلال صديق مشترك هو الأستاذ بهيج أبي غانم الذي كان زميلاً لجان داية في دار النهار بالإضافة إلى كونه طالباً في كلية العلوم السياسية. في تلك المرحلة من العام 1966 كنت أعمل، إلى جانب كوني طالباً في سنة أولى حقوق، كمحرر لركن الطلبة في مجلة "المجالس المصورة الأسبوعية"، بالإضافة إلى رئاسة تحرير "وكالة اليقظة العربية للأنباء" التي هي عبارة عن نشرة أخبار يومية.

صادفت الصديق بهيج أبو غانم ذات يوم في باحة كلية الحقوق التي كنا نشترك فيها مع طلاب العلوم السياسية وقال لي أن جان دايه يرغب اللقاء بي لأمر هام وسألني إن كنت أمانع الفكرة من دون أن يذكر شيئاً عن طبيعة "الأمر الهام". فكان ردي بالموافقة طبعاً لما أكن للصديقين من ثقة ومحبة. وانتظرت اتصال جان الذي جاءني في نفس اليوم حيث جلسنا في كافتيريا الجامعة وأطلعني على مضمون المهمة باختصار وكان أن اتفقنا على اللقاء في اليوم التالي في منزلي الواقع على مسافة قريبة من الجامعة لنبحث بالتفاصيل.

وتتلخص المهمة بأن أجري اتصالاً بالنائب والوزير آنذاك الشيخ بهيج تقي الدين، شقيق سعيد، لتحديد موعد ومرافقة جان داية إلى لقاء معه. فاعتقدت لأول وهلة بأن جان يرغب في التعرف إلى الشيخ بهيج، بصفته السياسية، لإجراء مقابلة صحفية معه ونشرها في جريدة النهار، المكان الذي يعمل فيه. ولكن.. لماذا يختارني أنا بالذات لهذه المهمة، ثم أن دار "النهار" لا تحتاج إلى وساطة أحد للاتصال وتحديد المواعيد مع أي كان..؟ وسرعان ما اتضحت الصورة لأكتشف بأن بهيج أبي غانم كان صاحب فكرة تكليفي بالمهمة لمعرفته بالصداقة المتينة التي كانت تربط المرحوم والدي

بالشيخ بهيج، وقد أشار على جان بتكليفي لترتيب موعد الزيارة والتمهيد للموضوع معه ليقينه بأن والدي هو الذي سيكون عرّاب اللقاء هذا وسيكون للزيارة وقع مختلف متى كان الساعي إليها توفيق حميدان.

وهكذا كان. لم يمضِ أسبوع واحد حتى كنا على موعد مع الشيخ بهيج تقي الدين، تمام الساعة السابعة صباحاً في منزله الكائن في منطقة فردان من مدينة بيروت. وما أن دخلنا المنزل حتى سارع إلى استقبالنا مدير مكتبه السيد جورج صلبان الذي كان قد سبقنا إلى هناك ليحضر الاجتماع معنا بناء على طلب الشيخ بهيج. وكان لقاء وتعارف وأحاديث عامة.. قبل أن نتطرق إلى صلب الموضوع.

لن ندخل بتفاصيل هذا اللقاء الذي يحتاج إلى بحث طويل مستقل لما تضمن من أخبار وقصص طريفة وسنكتفي بردة الفعل التي أبداها الشيخ بهيج لدى سماعه برغبة جان دايه في تأليف لجنة تكريم للراحل الأديب سعيد تقي الدين والذي كان قد مضى على وفاته ست سنوات من دون أن يذكر في وسائل الإعلام من قريب أو بعيد، على أن يكون النائب بهيج تقي الدين عضواً في اللجنة وممثلاً للعائلة. قال الشيخ بهيج وقد هممنا بالانصراف: "اتركوا لي الموضوع ليومين أو ثلاثة وسأوافيكم بالقرار المناسب".

وقد جاءنا القرارالمناسب بعد يومين بواسطة المرحوم والدي توفيق حميدان الذي أبلغني الخبر لدى عودته من زيارة للشيخ بهيج حيث قال بالحرف: "بلغ جان دايه تحيات الشيخ بهيج وشكره على فكرة تكريم الشيخ سعيد، غير أن الظروف الحالية التي تمر فيها البلاد هي غير مؤاتية لمثل هذا التكريم. ربما نعود إلى بحث الموضوع في وقت لاحق ".

لقد صدمني قرار الشيخ بهيج بتأجيل الحدث الذي كنت أنتظره بفارغ الصبر وكان جان دايه قد أطلعني على البرنامج الذي أعده

للمناسبة. أضف إلى ذلك محبتي لسعيد تقي الدين الإنسان والأديب ولشخصيته الفريدة التي كان لي شرف التعرف إليها عن كثب خاصة في المرحلة الأخيرة قبيل سفره إلى كولومبيا أي خلال العامين 1957 و1958. ولا أخفي سراً وأنا أكتب عنه للمرة الأولى بعد مرور ستين عاماً على وفاته، أنه كان يقضي معظم أوقاته في منزلنا الخاص الكائن في العاصمة بيروت، وكأنه أحد أفراد العائلة، حيث كان يجد الأمان والاطمئنان نظراً لمحبته للمرحوم والدي وثقته به، تخفياً عن عيون عملاء المكتب الثاني السوري الذين كانوا يلاحقونه ليل نهار. وفي هذه الفترة تسنى لي السماع إلى أخباره الطريفة منه مباشرة، ومراقبة حركته الدائمة في القراءة والكتابة والتعليق على الأحداث اليومية التي كانت تنشر في الصحف وتذاع في نشرات الأخبار الإذاعية (على الراديو). وأكثر من كل هذا "التدخين" المتواصل واحتساء القهوة المرة طوال النهار والليل دون توقف.

بصراحة، لم يعجبني موقف الشيخ بهيج في تأجيل الموضوع إلى وقت لاحق وإن كنت أوافقه الرأي باعتبار الظروف غير مؤاتية (وسنأتي على تفصيلها). غير أنني لم أفهم كيف يؤجل تكريم أديب كبير بحجم سعيد تقي الدين بسبب الظروف الراهنة غير المشجعة في الوقت الذي تستباح فيه القيم الاجتماعية والحقوق الإنسانية ويسمح بالافتراءات والتعديات من كل نوع، في ظل ذات الظروف والأحوال..

الأسباب التي حالت دون تكريم سعيد تقي الدين

اجتمعت عدة أسباب لتحول دون تكريم سعيد تقي الدين وهي تشكل برأينا، الحالة العامة الاجتماعية والسياسية التي كانت قائمة في لبنان في ذلك الوقت (1966).

أولاً: اضطهاد المكتب الثاني اللبناني للحزب السوري القومي الاجتماعي بعد محاولة الانقلاب عام 1961.

قامت الفكرة التي أطلقها جان دايه لتكريم الأديب سعيد تقي الدين خلال العام 1966 أي بعد مرور خمس سنوات على محاولة الانقلاب التي قام بها الحزب السوري القومي الاجتماعي الذي كان ينتمي إليه سعيد. وفي ذلك الوقت كانت كبار شخصيات الحزب الفكرية والسياسية في السجون اللبنانية وكادرات الحزب شبه غائبة عن المسرح السياسي بعد عمليات القمع والاضطهاد التي قام بها المكتب الثاني وقد أوقف معظم القوميين، والقياديين منهم خاصة، ممن ثبت أو لم يثبت تورطهم في محاولة الانقلاب. وقد بدت المداهمات والملاحقات التي قامت بها القوات الأمنية في ذلك الوقت، وكأنها عملية انتقام من القوميين، أصحاب النظام العلماني الذي يتعارض مع النظام الطائفي المعمول به في لبنان. وقد وافق على هذه التدابير التعسفية جميع الأفرقاء السياسيين في لبنان (المكلفين بموجب النظام الطائفي) لكونهم معنيين بالإقصاء وإنهاء دورهم إذا ما نجحت محاولة القوميين.

ويطرح السؤال هنا: كيف يسمح بتكريم عضو بارز في حزب يحاول الوصول إلى السلطة والإطاحة بالنظام الطائفي وأمراء الطوائف هم الممسكون بالسلطة والنظام..؟

ثانياً: بهيج تقي الدين عضو جبهة النضال الوطني.

في الوقت الذي طرح جان دايه فكرة تكريم سعيد تقي الدين على أخيه الشيخ بهيج عام 1966، كان كمال بك جنبلاط نائباً عن منطقة الشوف وشخصية بارزة على صعيد الحكومة نظراً للرابط القوي الذي كان يجمعه برئيس الجمهورية آنذاك اللواء فؤاد شهاب. وكان الرئيس يعول على تأييد جنبلاط للحكومة خاصة بعد

محاولة انقلاب القوميين الذي تعرض لها عام 1961. وكان أن التقت مصلحة كل من الرجلين ضد الحزب القومي: الأول لكونه هدف الانقلاب الفاشل والثاني لكونه طرف الخصومة التي أفرزتها أحداث 1958 بين الحزب القومي الاجتماعي والحزب التقدمي الاشتراكي الذي يرأسه كمال جنبلاط. والجدير ذكره هنا أن بهيج تقي الدين كان حليفاً لكمال جنبلاط في جبهة النضال الوطني النيابية، وكان جان دايه قد علق أهمية كبيرة على هذه العلاقة الحميمة علها تساعد في فك الحصار عن أدب أخيه سعيد الذي بات، ليس وقفاً على آل تقي الدين وحسب، بل ملكاً عاماً لجميع اللبنانيين. ولكن "حساب الحقل لم يكن مطابقاً لحساب البيدر" مما اضطر الشيخ بهيج إلى الاعتذار والتحفظ والتذرع بالظروف غير المؤاتية لتكريم أخيه سعيد تقي الدين. أما الدافع للإعتذار، بتقديري الشخصي، لم يكن بسبب الظروف غير المؤاتية وإنما لكون الشيخ بهيج لم يقدم فعلاً على مصارحة جنبلاط بالأمر لأنه كان يعرف مسبقاً بأن طلباً كهذا لن يوافق عليه كمال بك منعاً لإحراج الرئيس فؤاد شهاب وحفاظاً على موقعه السياسي. وهكذا تجنب الشيخ بهيج الاصطدام برئيس جبهة النضال الوطني النيابية لكي يحفظ رأسه ويضمن عودته إلى المجلس النيابي. "أما تكريم المفكر والأديب الكبير سعيد تقي الدين، فهو أمر ثانوي يمكنه الانتظار".

ثالثاً: الرأي العام الموجه ضد الحزب القومي الاجتماعي.

كانت القيادات السياسية (الطائفية) في لبنان تعمل ضد الحزب القومي الاجتماعي منذ اليوم الأول لتأسيسه عام 1932. وكان السبب الرئيسي لهذا العداء مبادىء الحزب نفسها التي قامت على أسس علمانية متطورة تجاوزت منطوق الإقطاع الطائفي ودعت إلى فصل الدين عن الدولة وإزالة الحواجز بين مختلف الطوائف

في تمهيد لقيام الدولة العلمانية التي تساوي بين مواطنيها وتحضن جميع الطوائف والمذاهب حيث يولد فيها الانسان الجديد الذي ينتمي إلى وطن وليس إلى طائفة.
وقد تعرّض الحزب خلال مسيرته الطويلة إلى الكثير من المحاولات لضربه والقضاء عليه على يد رموز الطوائف من كل صوب، غير أنه كان يستمر بأصحاب النفس الطويل المتمكنين من العقيدة التي يكمن فيها سر انتصار قضيتهم. وهكذا يُعتبر الحزب القومي بنظر الحكومة اللبنانية والمتربعين على عروش الطوائف، عدواً دائماً وتهديداً مستمراً للكيان الذي يضمهم ويجب أن يكون لبنان (بنظرهم) "كياناً نهائياً" بكل ما فيه من نقص وشذوذ.
إن تكريم سعيد تقي الدين في جو كهذا، مفعم بالحقد والكراهية، غير ممكن الموافقة عليه من قبل أصحاب النفوذ المتحكمين في كل صغيرة وكبيرة، حتى ولو كان ينتمي سعيد إلى إحدى العائلات الإقطاعية وأشقاؤه يدينون بالولاء للنظام.

رابعاً: تقاعس عائلة تقي الدين عن المطالبة بالحق.

ذكرنا سابقاً أن أربعة من أشقاء سعيد تقي الدين كانوا ملحقين بالدولة اللبنانية ولهم فيها المكانة والحصانة المرموقتان. فكان خليل سفيراً، وبهيج نائباً ووزيراً لعدة دورات، ومنير مديراً عاماً ثم سفيراً، وبديع عميداً لكلية الرياضيات في الجامعة اللبنانية. والذي يعرف كيف تدار شؤون الدولة اللبنانية، يعرف تماماً أنه لو كان للعائلة، الممثلة بالأشقاء الأربعة، الإرادة الصلبة بأن يكرم الأديب سعيد تقي الدين (وليس شقيقهم الشيخ سعيد)، لجعلوا من المستحيل ممكناً. ولكن تقاعسهم عن المطالبة والملاحقة كانت مقصودة برأيي (وأنا أتحمل مسؤولية ما أقول).
لقد رضخوا جميعهم للواقعية البغيضة التي حالت دون التكريم المطلوب، خوفاً على مناصبهم وامتيازاتهم التي كانوا يحققونها من

خلال انغماسهم بالنظام الطائفي القبلي الذي يحكم به لبنان وكان قد رفضه الشقيق "سعيد" طوال مسيرته الأدبية والإنسانية.

اليوم وفي الذكرى الستين على رحيل الكبير سعيد تقي الدين (1960 - 2020)، تجدر العودة إلى تراثه الأدبي الغني الذي يشكل حجر الزاوية لثورة فكرية عارمة تضيئ الطريق أمام ثورة 17 تشرين الحاضرة التي تسعى إلى الإنتصار والفلاح بعد أن حلت بلبنان الكوارث والنكبات.

بقي أن نتوجه إلى كل مواطن متحرر من قيود ذلك الماضي البغيض الذي يرمي بثقله على بعض الحاضر، أن يعمل كل في مكانه ومجاله، لإبعاد أشباح الخوف والارتباك عن مسيرتنا الوطنية باتجاه العلمانية والدولة المدنية، والإضاءة على فكر سعيد تقي الدين الذي أكد بفكره ونهجه أنه لكي يسلم الوطن يجب أن يكون فيه الجميع مؤمناً بأن "كل مواطن خفير".

د. حسن أمين البعيني.. الحقيقة الموثقة..

2019/3/26

تتوزعُ ذبذباتَ الفكرِ الإنساني في حياة كلٍ منا بين ذاكرتين إثنتين، الفردية والجماعية. ففي الأولى لا يرى المرء فيها سوى شريطٍ من الصورِ والذكرياتِ المحببةِ لديه متوزعةٍ على مراحلَ عمرِه وسني حياتِه. وأبرزُ ما في هذا الشريط أن ترى ذاتك في كل موقفٍ، متلبساً لأدوارِ البطولةِ المطلقةِ وكلٌّ من هم حولك يدورون في فلكٍ أنت فيه القائدُ والسلطان.. أما في الثانية، أي في الذاكرة الجماعية، يتعدى المرءُ ذاتَه ليكتشفَ ويكشُفَ المكوناتِ الأبعدْ والأعمقْ في المكانِ والزمان، بجمالِها وقبحِها، بقربِها وبعدِها، بأبعادِها وألوانِها وانعكاساتِها سلباً أو إيجاباً.. وهنا تتَّسعُ الدائرةُ وتكبرُ المسؤوليةُ..!

والعاملون في تظهيرِ الذاكرةِ الجماعيةِ في أيِّ مجتمعٍ من مجتمعاتِ العالم، هم المؤرخون عادةً وبعض القادةِ العسكريين أو السياسيين الذين ينهون مرحلةَ انشغالِهم اليومي المهني ويتفرَّغون لكتابةِ مذكراتِهم والإشارةِ إلى دورِهم الرائدِ في الأحداثِ التي تتألفُ منها المذكرات. ولا غرابةَ في مثلِ هذا النوعِ من المذكراتِ أو الذكرياتِ، أن ترى كاتبَها متقمصاً أدوارَ البطولةِ اللامعةِ التي يوصفُها بالواقعيةِ من دون أن يغفلَ عبارةَ (بتواضع) والتي كان لا بدَّ منها، كما يزعمُ، لضرورةِ الموضوعيةِ في نقلِ الصورةِ أو الموقف..

خلاصةُ القولِ إنه إذا كان لمذكراتِ القادةِ العسكريين والسياسيين بعضُ الأهميةِ التاريخيةِ إلا أنه لا يمكنُ الاعتمادُ عليها واعتبارُها مرجعاً تاريخياً. فالذاكرةُ الجامعيةُ منوطةٌ إذن بالمؤرخين المتفرغين أصحابِ الاختصاصِ في مراجعةِ الوقائعِ والأحداثِ وكتابةِ التاريخ. ومثلُ هذا الدورِ لا يأتيه إلا الباحثُ صاحبُ الجلدِ العلمي والملمُّ بقواعدَ اللغةِ ومفرداتِها الغنيةِ ذلك أن بعضَ من تُلصقُ بهم صفةُ التأريخِ من دونِ استحقاقٍ، يكونون في أغلبِ الأحيانِ عرضةً للأهواءِ والنزعاتِ السياسيةِ أو الطائفيةِ فيجنحون بكتاباتِهم غيرِ الدقيقةِ، عن قصدٍ أو غيرِ قصدٍ، إلى التضليلِ بدل التصويب..

كان لا بدَّ من هذه المقدمةِ للإنتقالِ منها إلى صديقِنا المؤرخِ الدكتور حسن أمين البعيني الذي قطعَ، بمطالعاتِه الواسعةِ وتحقيقاتِه الميدانيةِ الكثيرةِ، أشواطاً بعيدةً في البحثِ والتنقيبِ بحيث باتَ أستاذاً رائداً ومدرسةً نموذجيةً يتطلّعُ إليها كلُّ راغبٍ في المجال.. فهو العالمُ والباحثُ في خفايا التاريخ والمدقِّقُ بكل كبيرةٍ وصغيرةٍ دونَ كللٍ أو مللٍ، وهو ينتمي إلى فئةِ المؤرخين المتخصصين الذين أنيطتْ بهم الذاكرةُ الجماعيةُ. ومن الطبيعي أن ينكبَّ كلُّ مؤرخٍ بهذه المواصفات، كما فعل د. حسن البعيني، على دراسةِ واقعِه الاجتماعي بحيثُ يبيّنُ خصائصَ المجتمعِ الذي ينتمي إليه بالإشارةِ إلى واقعِه الجغرافي والديمغرافي والمكوناتِ التي يتألفُ منها بالإضافة إلى عاداتِه وتقاليدِه، ذلك أن العاداتِ والتقاليدَ الشعبيةَ أو الاجتماعيةَ، ليستْ مادةً منفصلةً عن تاريخِ الشعبِ أو المجتمعِ، بل ملازمةً له في قيمِه وآدابِه وفنونِه ومختلفِ نواحي الحياة. وتبرزُ بالتالي بأوضحِ صورِها، في كلِّ ما يأتيه شعبٌ معينٌ في أنماطِ سلوكِه الاجتماعي، لتصبحَ الخصوصيةَ التي تميزُه عن غيرِه من المجتمعات.

كانتْ للدكتور حسن أمين البعيني، بصماتٌ نافرةٌ في البحثِ والتنقيبِ عن التراثِ اللبناني وما يتَّصلُ به في محيطِه المشرقي العربي، وكان شغوفاً بكشفِ النقابِ عن تاريخِ الموحدين الدروز السياسي في عهدِ الانتدابين الفرنسي والبريطاني ولا سيَّما أنه لم تحْظى طائفةُ الموحدين بدراسةٍ كاملةٍ من هذا النوع. هذا من جهةٍ ومن جهةٍ أخرى لأنَّ الأبحاثَ والدراساتِ عن فترةِ الانتدابِ تكتسبُ أهميةً كبيرةً لما تخدمُ فهمَ ومعالجةَ الحاضرِ والواقعِ الذي نعيشُه اليومَ.

وانطلاقاً من هذه المعادلةِ، تسنَّى للدكتور حسن الإطلاعَ على العاداتِ والتقاليدِ اللبنانيةِ، ليس من الواقعِ اللبناني وحسبْ، بل أيضاً من واقعِ البلادِ المتاخمةِ للبنان والتي لا تختلفُ عنه بكثيرٍ في عاداتِها وتقاليدِها وقد تراءتْ له جليةً من خلالِ دراستِه العامةِ لتاريخِ المنطقةِ السياسي. فاستنْبطَها وكَشف عنها في أكثرَ من مؤلفٍ لتكونَ مرجعاً علمياً في متناولِ كلِّ دارسٍ أو راغبٍ في المعرفةِ.

نذكرُ هنا بالإشارةِ إلى واقعِ المشرقِ العربي الذي كان محطَّ أنظارِ المستعمرِ منذ الحرب العالمية الأولى، ولا يزالُ، كيف تمكَّنتْ بريطانيا من طردِ العثمانيين من الأرضِ العربيةِ بمساعدةِ حركةِ التحررِ العربيةِ التي ضمَّتْ الثائرين من العراق ولبنان وبلادِ الشام ومن ثم انقلبتْ عليهم باستخدامِ الحيلةِ والتنكيلِ بوعودِها. وقد تجلَّتْ المؤامرةُ يومَ عملتْ فرنسا وبريطانيا، بمباركةٍ روسيةٍ، على تنفيذِ اتفاقيةِ سايكس - بيكو المتعلقةِ بتقسيمِ الأرض وتوزيعها إلى مناطقَ نفوذٍ حيثُ تمكَّنتْ من انتزاعِ الحقوقِ الوطنيةِ من أيدي أصحابِها وعملتْ على إزكاءِ الأحقادِ والنعراتِ الطائفيةِ والمذهبيةِ حتى نجحتْ في إقامةِ الشرخِ بين فئاتِ الشعبِ الواحد.. وهكذا، بنتيجةِ فقدانِ النهضةِ الواعيةِ وفكرةِ السيادةِ القوميةِ، نجحَ الأتراكُ في الاستيلاءِ على كيليكيا الواقعةِ في الجزءِ الشمالي من سورية

وتضمُّ ألويةَ الأسكندرون وأنطاكية وأضنه ومرسين، بتسويةٍ حبيةٍ مع الفرنسيين (أو بالتواطؤ معهم)، تماماً كما نجحَ اليهودُ في الاستيلاءِ على فلسطين، الواقعةِ في الجزء الجنوبي من سورية، بالتواطؤ مع البريطانيين تنفيذاً لوعدِ بلفور.

هذا الجوُ المضطربُ الذي شكَّلَ العنصرَ الرئيسي لجرّ الويلاتِ على شعوبِ المنطقةِ، أثارَ حفيظةَ المفكرين والمؤرخين والدارسين الاجتماعيين للوقوفِ على الأسبابِ التي أدتْ إلى حالةِ التراخي الفكري هذه وجعلتْ فيها الانسانَ أسيرَ العصبياتِ الدينيةِ والقبليةِ في الوقتِ الذي كانتْ تبشّرُ حركةُ التحررِ والاستقلالِ التي قامتْ في مطلعِ القرنِ العشرين، بولادةِ نزعةٍ نهضويةٍ واعدةٍ..

د. حسن أمين البعيني، الذي هالَه المشهدُ العربيُ المتراجعُ، كان أحدَ هؤلاءِ الباحثين الذين انكبّوا على دراسةٍ شاملةٍ لتاريخِ المنطقةِ وهو لم يكتفِ بما سمعَ أو قرأَ من مؤلفاتِ الدارسين الذين سبقوه، بل قامَ بجولاتٍ ميدانيةٍ مباشرةٍ واستطاعَ، بما شاهدَه وجمعَه من معلوماتٍ، أن يتطرّقَ إلى جوانبَ عديدةٍ لم يتناولْها غيرُه، وقد ساعدَه في ذلك كونُه مدرساً لمادةِ التاريخِ لأكثرَ من أربعين سنة بالإضافةِ إلى الرغبةِ الجديةِ لديه في اكتشافِ أسرارَ المرحلةِ التي أحبطتْ حركاتِ النهضةِ وأدتْ إلى ضياعِ الحقوقِ الوطنيةِ. وهو فيما عملَ لم يكنْ يضيفُ إلى التاريخِ سجلاتٍ جديدةً وحسبْ، بل كانَ يسجّلُ إبداعاتٍ في صورِه وتصورِه، في أمانتِه وتجرُّدِه وفي تحقيقِه وتحققِه. ذلك أن الحقيقةَ التي يفتّشُ عنها لا يمكنُ أن تظهرَ إلا بالتوثيقِ المحكمِ واستخدامِ الأدواتِ اللازمةِ لتظهيرِها. لذلك قلتُ فيه إنه "الحقيقة الموثقة"..

وعنه قالَ المغفورُ له شيخُ عقلِ الموحدين (الدروز) سماحةُ الشيخ محمد أبو شقرا في تقديمِ كتابِه "جبلُ العرب" الصادرِ عام 1985: "كثيراً ما حرَّفَ المؤرخون في تأريخِ جبلِ العرب، حتى أن معظمَهم نسبَ تاريخَ الجبلِ المشرّفِ لسواهم.. إلا أن د. حسن

البعيني قصدَ جبلَ العربِ متحرياً الحقائقَ من منابعِها للوقوفِ على الدقائقِ المحسوسةِ والمشاهداتِ الملموسةِ، فجاءَ كتابُه مستنداً إلى الصحائحِ مشفوعاً بالقرائنِ والثوابتِ العلميةِ التي يتوسَّلُها المؤرخُ الواقعي الرصين.. إلخ". هكذا كانَ شأنُ الدكتور حسن، ليس في كتابِ "جبل العرب" وحسبْ، وإنما في سائرِ مؤلفاتِه كذلك. إنه حريصٌ على تحري الحقيقةِ، دقيقٌ في نقلِ دقائقِها، أمينٌ على صحةِ كل واقعةٍ يوردُها لأنه يدركُ بأن الأمانةَ هي جوهرُ التأريخِ العلمي الذي يعبرُ من خلالِه المؤرخُ إلى العقولِ والأذهانِ كما أنها المسلكُ المعطَّرُ بالإيمانِ الذي يؤدي إلى راحةِ البالِ والضميرِ.

الأمانةُ والصدقُ توأمان من بذورِ الإيمانِ وبهما يتخطّى المرءُ حدودَ العناوين والمصطلحاتِ في إبداعاتِه كما فعل صديقنا الدكتور حسن أمين البعيني، حيث ضمَّنا إلى ورشةِ التفتيشِ عن الحقيقةِ في صناعة التاريخ، وأدْخلَنا في متعةِ الإبداعِ التي رافقتْ بصماتِه الخالدة..

❖

مقالات متفرقة متجانسة

التوحيد ملاذ المؤمنين من كل مذهب أو دين..

2017/05/01

في مستهل هذا المقال القصير، يهمني أن أؤكد للقارئ الكريم أنني لست بصدد الغوص في شرح فلسفة التوحيد التي يقوم عليها دين الموحدين (الدروز)، ولا بصدد الإضاءة على تاريخهم الذي تناوله كثيرون أو ترداد ما يكتب عن عاداتهم وتقاليدهم ومواقفهم، وإنما لمحاولة فهم القصد الذي ترمي إليه تلك الفلسفة وكيفية التمسك بها في علاقة الإنسان بالله، كما في علاقة الإنسان بأخيه الإنسان من أي مذهب كان أو دين. وإذا كان لا بد من الإشارة في هذا المجال إلى ما تعرّض له الموحدون، عبر التاريخ، من اضطهاد وتكفير، نطرح السؤال التالي في ذكرى الألفية الأولى على قيام الدعوة لنقول: كيف يمكن أن يُضطهد أو يُنبذ من جعل الحكمة الشريفة وسادتَه وتوحيد الباري تعالى هدفَه للوصول إلى الإشراق والعرفان؟ بل كيف نفسر البلبلة الفكرية التي أصابت الموحدين أنفسهم وجعلت منهم فرقاً تتنافس وتتخاصم وتتقاتل أحياناً..؟ إلا أن الثابت لدينا أن فهم الحكمة اختلط على كثيرين وكذلك فلسفة التوحيد، فراح بعض أصحاب الإدعاءات يسوّقون لقشور التفسيرات المستوردة دون المساس بأعماقها وجوهرها ومن دون أن يعرّفوا (وهم بالطبع لا يعرفون) بمذهب التوحيد على أنه مذهب فلسفي عرفاني، مما أدى إلى مفاهيم مغلوطة تناقلتها الأجيال على أنها الحقيقة وإذا بالحقيقة سرٌ لا يدركه إلا قليل من المثقفين ذوي الاهتمام الأكاديمي الذين تسنى لهم الإطلاع والمراجعة بقصد العلم والمعرفة وليس بدافع العصبية الدينية..

ومن غير أن نتوسع في الأصول الفلسفية لمعنى التوحيد وارتباطه بالفلسفات الأخرى (وهذا ليس من اختصاصنا) نشير إلى ما هو شائع لدى الباحثين المتعمقين في هذه الفلسفة، بأن التوحيد يرتبط بمعنىً أساسي بارز هو توحيد الخالق كلياً بما خلق بحيث لم يتعالَ عما خلق بل حلّ به لأنه علة لكل موجود. هو المعنى ذاته لدى مذهب الصوفية ويعرف بـ"الحلول". ويبدو التوحيد بهذا المعنى واضحاً في الآية القرآنية التي تقول: "قل هو الله أحد، الله الصمد، لم يلد ولم يولد ولم يكن له كفواً أحد". كلمة الـ"أحد" هنا تعني أن الله وحده لا شريك له. فلو كان "ليلد" أو بالمعنى السائد "ليخلق"، لكان هو الأول وكان ما يخلقه ثانٍ وثالثٍ ورابع وإلخ.. لكن الآية أوضحت أنه يتوحد بمن يخلق وهذا يعني أنه واحدٌ أحدٌ وأن كل ما في الوجود مظاهرٌ له.

فالوجودُ إذن بمن فيه وما فيه، ليس سوى مظهرٍ واحدٍ متكاملٍ للواحدِ الأحدِ وإن تعددتْ أشكالُه وألوانُه.. فالمؤمن يتعدىَّ في إيمانه المنظورَ الحسي إلى ما وراءِ المنظورِ العرفاني مؤكداً، بما أوتي من اتساع في المعرفةِ ونفاذٍ في الرؤيةِ، أن اقترانَ هذه الحقيقةِ بالمرتجى الأسمى في أزليتِه، هو التحققُ بروح الله.. وهنا تكمن أهمية علاقة الإنسان بالله إذ يشكر ويحمد ربه ويتعبّد له على منحه نعمة الوجود وسعادة الحياة التي تسير فيه إلى الأبدية. وهكذا يحيا الإنسان بروح من الله وجسد من التراب مستقلٍ، إلى أن يحلّ اليوم الأخير فتخلع الروح ثوبها البالي وتعود إلى ربها راضيةً مرضيةً.

فبالرغم من هذا الاجتهاد المنطقي في تفسير فلسفة التوحيد وتأكيد المعنى اللغوي للآية القرآنية الآنفة الذكر التي تتماهى مع التفسير العقلاني، نرى الاختلاف في تفسير التوحيد لدى البعض من الفرق الإسلامية بحيث تتمسك معظمها بمبدأ "العليّة" بمعنى أن الله خلق الوجود لكنه لم يتحد به بل علا مترفعاً عما خلق. وقد أثار هذا

التفسير كثيراً من الجدل ولا يزال مستمراً حتى يومنا هذا. وفي الواقع هذا ما يفسر تباعد الفرق الإسلامية عن بعضها البعض وإن كان القرآن الكريم هو الكتاب المقدس الذي يعتمده الجميع. وقد يبدو الحوار بين الفرق المختلفة مقبولاً وبديهياً في المبدأ إلا أن ما يحصل على الأرض هو غير ذلك وأبعد من الحوار والاختلاف في الرأي ليتعدّاه إلى الاتهام بالكفر والزندقة والخيانة وليحلّ الاقتتال فيما بعد سيداً. ونخلص هنا إلى القول أنه لو أدرك المؤمن حقيقة رسالته السامية الواردة في كتابه المقدس، لأدرك أنه وأخاه في الإنسانية يشكلان وحدة متحدة بروح الله الذي نحمده ونستغفره كل يوم ومن غير الممكن أن يأذن الله لأي منهما بالتعرض للآخر. وفي هذا الموقف تحضرني فقرة من كتابي "الأبله الحكيم" حيث قلت مخاطباً الفاجر المغرور (بلسان الأبله): "إذا رغبت أن تجمع ما في الأرض من ذهب ومال فقد يكون لك. أما رقاب الناس فلا يملكها إلا رب الناس.. "

هذا ما يبدو لنا قائماً في صفوف الطوائف الإسلامية. وإذا ما نظرنا إلى واقع الطوائف المسيحية، يتراءى لنا المشهد ذاته. حتى أن أوجه الشبه في فلسفة التوحيد هي ظاهرة في السطر الأول الذي يتلوه المؤمن قبل الصلاة إذ يقول: بسم الأب والإبن والروح القدس.. إله واحد آمين. فالمعنى السطحي هو أن نقول بأن الأب هو الرب الخالق والإبن هو الإنسان المخلوق والروح القدس هي التي تحدد العلاقة بين الأب والإبن. أما المعنى المقصود برأينا المتواضع هو التالي: الأب هو الله مبدع الوجود والأبن هو صورة الله الخارجة من البديع، والروح القدس هي العلاقة الروحية المتلازمة بين الأب والإبن ما يشبه اتحاد الخالق بما خلق والتحقق بروح الله، كما مرّ معنا آنفاً في تفسير الآية القرآنية. ومن ملاحظاتنا الشخصية المتواضعة القول كذلك بأن فقرة "بسم الأب

والإبن والروح القدس" لدى الطوائف المسيحية هي ذاتها من حيث المدلول الفلسفي والروحاني في فقرة "بِسۡمِ ٱللَّهِ ٱلرَّحۡمَٰنِ ٱلرَّحِيمِ" لأن الله هوالرحمن وهوالرحيم بحسب أسماء الله الحسنى كما أن الأب هو الإبن وهو الروح القدس، وللتأكيد على وحدانية الأقانيم الثلاثة أضافت الفقرة "إله واحد آمين" ما يعني الاتحاد بروح الله..

ونذكر هنا أنه بالرغم من هذا الوضوح في تفسير الفقرة الإنجيلية واستخدامها في الصلاة من قبل جميع الطوائف المسيحية، إلا أنها ظلت حتى أيامنا هذه عرضة لتفسيرات مختلفة ولم يذكر أحد أنها تتلاءم مع جوهر التوحيد في مدلوله الفلسفي والعقلاني على الأقل. وليس هذا بالأمر الغريب: فقد توزع المسيحيون إلى فرق اختلفت ببعض الأفكار أولاً ثم تطورت إلى اعتماد تفسيرات وتسميات جديدة قامت معها نزاعات وانشقاق البعض عن الآخر ليصبح عدد الطوائف لا يستهان به. وكانت الاختلافات في بعضها جوهرية كتاريخ ميلاد السيد المسيح، عليه السلام، وتاريخ الصعود والفصح المجيد وغيرها من المناسبات. ومثل هذا حصل في الجهة الأخرى حيث أدى الإختلاف في الرأي لدى الفرق الإسلامية إلى التباعد والخصام كما أشرنا آنفاً. وأكثر من ذلك فقد فتح باب الاجتهاد على مصراعيه، فاتفقت جميع الطوائف على اعتماد القرآن الكريم إلا أنها اختلفت على بعض التفسيرات التي شكلت فيما بعد "مجمع الاجتهادات" الذي أعطى لكل طائفة هوية مختلفة.

كانت الغاية من عرضنا هذا، الإشارة إلى أن جميع الأديان والمذاهب تعرضت بشكل أو بآخر إلى فلسفة التوحيد التي كانت ولا تزال الشغل الشاغل للفلاسفة والمفكرين. ومن البديهي القول إن المؤمنين الضارعين ممن تعبدت لهم الطريق إلى نور العرفان، يشعرون بدفء الإيمان والاطمئنان للبحث عن ملاذِ المنتهى

بجوارِ ربِّ الإبداع والتكوين. فهؤلاء لا خوف عليهم من الانحدار إلى هاوية التعدي والانحراف بما لا يرضي ربهم لأنهم يحيون بروح الله. إلا أنه يؤسفنا ما حصل ويحصل في هذا العالم الذي بات مسرحاً للغدر والقتل بعيداً عن الرقابة والمحاسبة وانكاراً للتعاليم الروحانية والإنسانية التي نتكلم عنها ونعتبرها الحاجز الأخلاقي الواقي من التعديات. ففي الماضي كما في الحاضر، الفرق المذهبية مسيحية كانت أم إسلامية، تتناحر بداخلها بقصد التصفية والإلغاء وتتقاتل مع غيرها من الفرق بدافع العصبية الغرائزية، والتاريخ يطفح بمثل هذه الوقائع الشاذة التي إذا ما استمرت، تنذر بكوارث على الجنس البشري بشكل عام.

بالطبع قد يكون هناك عدد من الأسباب التي تؤدي إلى مثل هذا الجنون. أما حتى الآن لا نرى سوى سببٍ واحد لكل ما يدور على الأرض. والسبب هو جهلنا (بغالبيتنا) لعقيدتنا الدينية بشكل عام ولمبدأ التوحيد الفلسفي بشكل خاص. وقد أدى بنا هذا الجهل إلى القبول بالنظام الطائفي المعلب الذي جاء به المستعمر إلى بلادنا وقد اكتشف مكان الضعف فينا فسيطر بالتالي على مواردنا الطبيعية وقرارنا الوطني ولا يزال.. وهذا ما يهمنا في النهاية.

لقد بات مؤكداً للجميع أن الاستمرار والاستقرار غير ممكنين إلا بنسف التركيبة القديمة واستبدالها بما يتلاءم مع تطورات العصر والقواعد الثابتة المعترف بها دولياً لحقوق الانسان.. فنحن بحاجة إلى مذاهب وأديان واعية تقوم بدورها التبشيري كما أننا نحتاج إلى دولة قوية تحمي هذه الأديان والمذاهب. فالخطوة الأولى نحو الوحدة والإصلاح تبدأ من هنا وأي إخلال بهذه المعادلة يعيدنا إلى نقطة الصفر. وهذا يعني التقهقر والرجوع إلى الوراء.

لا شك أن تحرير الإنسان من شوائب الماضي للخروج به إلى فضاء التوحيد والمناقبية العالية أمر يلزمه الوقت والظروف

الملائمة. لكن انطلاقاً بأن التعايش المسيحي المسلم أمر حتمي لا مفر منه يجب أن نتنبّه إلى نقطة بالغة الأهمية وهي إطلاع المسيحيين على جوهر الدين الاسلامي القائم على التوحيد والغفران لأنهم يجهلونه. وكذلك إطلاع المسلمين على جوهر الدين المسيحي الداعي إلى المحبة والسلام. وهكذا بدلاً من أن يتساوى المسلمون والمسيحيون في جهل بعضهم بعضاً دينياً وتاريخياً، يتساوون في المعرفة والانفتاح واحترام البعض لمعتقد الآخر.. وهذه الخطة هي برأينا خير وسيلة لبلوغ عرش التوحيد بعيداً عن النزوات والعصبيات. ولهذا اخترت عنوان المقال: التوحيد ملاذ المؤمنين من كل مذهب أو دين.

هنيئاً لمن عرَفَ وعرَّفَ وشاهدَ واستأنسَ.. لمن علِمَ وعمَلَ وتبلّغَ وبلّغَ.. لمن تأمَّلَ واعتبرَ وسما وتسامى.. هنيئاً لمن تذوّقَ جمالَ الله المتجلي في كلِ نسمةٍ من نسائمِ الحياة، وفي كلِّ قطرةٍ من مياهِ الأنهرِ والبحارِ، وفي كلِ ضياءٍ مهما صغُرَ، وفي كل جرمٍ مهما كبُرَ، وفي كل ما اكتنفَه من أجسامٍ، سرُّ الوجود..

وحدُهم الموحدون البالغون سرَّ الإشراقِ والعرفانِ، من أيّ مذهبٍ أو دينٍ، يؤتوْن الحكمةَ والخيرَ الوفيرَ، في السماواتِ كما على الأرضِ.. فهؤلاء قد أدركوا أن حدائقَ التوحيدِ ليست لقاصدِها منالاً سهلاً، وإن كانت تتسعُ أبوابُها للعالِمين والعامِلين بشوقٍ إلى ثمارِها العذبةِ التي تقطرُ حباً وصفاءً..

لماذا الصومُ في رمضان..؟

ألقيت هذه الكلمة خلال إفطار رمضاني أقامته الجمعية الدرزية الكندية بتاريخ 2022/4/19 في مقر الجمعية الدرزية في تورنتو/ كنـدا

أصحاب السماحة والفضيلة المحترمين، أيها الحفل الكريم..
السلامُ عليكم وأسعدَ الله مساءَكم بكل الخيرِ والبركات..

يسرُّني، أيها الأصدقاءُ الأعزاءُ، أن أنقلَ إليكم تحيةَ الجمعيةِ الدرزيةِ الكنديةِ وخالصَ تقديرِها لتلبيتِكم الدعوةَ إلى هذا البيتِ، العامرِ بتواضعِه والواسعِ برحابتِه، آملاً أن يتقبلَّ منا اللهُ حُسنَ الأداءِ وخيرَ الدعاءِ في هذا الإفطارِ الرمضاني المبارك.. كما يُسعدُني أن أقدِّمَ التهاني لتعانقِ شهري الصيامِ لهذا العام لدى الطوائف المسيحية والإسلامية، لأقول..
رمضانٌ كريمٌ وفصحٌ مجيدٌ على أملِ أن نعملَ بوحي المناسبتين ليعمَّ الأمنُ والسلامُ في أوطانِنا وتغمرَ المحبةُ قلوبَنا وضمائِرَنا..

لماذا الصوم في رمضان؟
بحسبِ الدراساتِ الإسلامية، الصوم في رمضان هو ركنٌ من أركانِ الإسلام إذ لا يوازيه أيُّ صومٍ آخرَ. وهكذا يتمُّ من خلالِه، تكفيرُ المسلمِ عن ذنوبِه بالإضافةِ إلى تطهيرِ القلبِ وتحقيقِ التقوى وتحقُّقِ أجرِ الصبرِ على الطاعةِ والامتناعِ عن المعاصي. لذلك قيل "إن الصيامَ في رمضان هو طريقٌ لدخولِ الجنة.. "

وأهمُّ ميزةٍ لشهرِ رمضان عن باقي الأشهرِ أنه تُفتحُ فيه أبوابُ التوبةِ للمؤمنين، فيكثرون من الاستغفارِ والدعاءِ وتجنُّبِ السيئاتِ والكبائرِ والإقبالِ على أعمالِ الخير. كما تتخللُ الشهرَ الفضيلَ "ليلةُ القدر" وهي من أعظمِ الليالي وقد نزلَ فيها القرآنُ الكريمُ على رسولِ الله، ومن قامَ في هذه الليلةِ داعياً الله وطالباً غفرانَه، استجابَ الله لدعائِه وحقَّقَ طلبَه..

والصومُ في رمضان لدى الطوائف الإسلامية يشبهُ إلى حد كبيرٍ الصومَ لدى الطوائفِ المسيحيةِ، إن لم يكنْ بالشكلِ فبالمضمون، حيثُ أنَّ الصومَ المقبولَ هو المرتبطُ بالتوبةِ والرجوعِ إلى الله والتذللِ لطلبِ القوةِ الروحيةِ الإيمانيةِ للإنتصارِ على قوةِ الشر. أضفْ بأن الصّومَ علامةٌ مميزةٌ في حياةِ الإيمانِ، يعبِّرُ فيه المؤمنُ عن خضوعِه وطاعتِه للربِّ كما يطيعُه في الصلاةِ ووصاياه الأخرى. ومثاله الأعلى في ذلك، السيدُ المسيحُ الذي صام (بحسب إنجيل متّى) أَربعينَ نهارًا وأَربعينَ ليلةً، لاعتبارِه بأن الصّومَ مفتاحٌ أساسيٌ للتخلصِ من سائرِ المشاغلِ الحياتيةِ اليوميةِ بما فيها الطعام.. والانصرافُ كلياً إلى الصّلاة.
ليس للصومِ زمنٌ معينٌ بتعليمٍ كتابي بل إنه يندرجُ غالباً في سياقِ ترتيبٍ كنسيٍ وإنه لدى غالبيةِ الطوائفِ المسيحيةِ، يسبقُ ذكرى موتِ السيدِ المسيح وقيامتِه بأربعين يوماً.

وإذ يميلُ الإنسانُ بطبيعتِه إلى ما يشبعُ طموحَه ويعزّزُ وجودَه، فقد رحَّبَ المسلمون بما حملَه القرآنُ الكريمُ من وصايا وهي موجهةٌ، ليسَ للمسلمين المؤمنين وحسب، وإنما للبشريةِ كافةً. لذلك ترى كثيرًا من المستشرقين يأخذون بعضَ الآياتِ التي تحملُ معاني السلامِ والمودةِ للدلالةِ على أهميتِها في تعميقِ أواصرِ العلاقاتِ بين الناسِ كافةً مهما اختلفتِ الأديانُ والعقائدُ.

ومن قبلِ القرآن جاءتْ الوصايا العشرْ التي أطلقَها السيدُ المسيحُ وهي تؤلِّفُ كلاً لا يتجزّأ بحيثُ أنها مترابطةٌ بعضَها ببعضٍ وتجمعُ بينَ حياةِ الإنسانِ اللاهوتيةِ وحياتهِ الإجتماعية.
ومن قبلِ ظهورِ الإسلام والمسيحيةِ، كانتْ هناك "شريعةُ حامورابي" في بلاد الرافدين، التي تتألفُ من 282 مادةً نُحِتتْ على الصخورِ وقد تناولتْ الإنسانَ بمختلفِ نواحي حياتِه الحقوقيةِ والاجتماعيةِ والاقتصاديةِ وتُعتبرُ الحجرَ الأساسَ للتشريعاتِ القانونيةِ الحديثةِ التي جاءتْ في عصورٍ متقدمةٍ. والجديرُ ذكرُهُ أن حامورابي هو سادسُ ملوكِ بابل وأوَّلُ ملوكِ الامبراطوريةِ البابليةِ وقد حكمَ بينَ عامي 1792 و1750 ق.م.

وفي العودة إلى الصوم لدى المسلمين، من الملاحظِ أن الانصرافَ إلى الصومِ والصلاةِ يرتبطُ بالتوبةِ والرجوعِ إلى الله عزَّ وجلَّ بما يعنيه اللهُ من فضائلَ وقيمٍ تمكِّنُ المؤمنَ من التقرّبِ والإلتصاق بروحِه. أما القيمُ فهي مندرجةٌ في أسماءِ الله الحسنى. وقد سمِّيتْ كذلكَ لحسنِ معانيها وعددها تسعٌ وتسعون: كالرحمنِ والرحيم، العليمِ والحليم، السميعِ والبصير، الخبير والشهيد، الهادي والبديع..إلخ.
وطالما أن الصلاةَ والصيامَ مرتبطان بالتوبةِ والرجوعِ إلى الله، فمنَ الطبيعي أن يقومَ المؤمنُ بما يُرضي الله من أفعالٍ تشكِّلُ في مجموعِها واجباً يومياً يستمرُّ إلى ما بعدَ نهايةِ الشهرِ الفضيلِ..
وهنا نطرحُ السؤالَ التالي: هل هذا ما يقومُ به المؤمنون فعلاً خلالَ شهرِ رمضان وما بعدَه ليحققوا الغايةَ المنشودةَ من الصومِ؟

قبل الإجابةِ على هذا السؤالِ، دعونا ننظرُ في المعنى اللغوي لكلمةِ "رمضان". رمضان هو مُثنَّى لكلمةِ "رمضٌ" والرمضُ يعني الحرقةَ الناتجةَ عن شدةِ الحرارةِ ومنها "الرمضاءُ" أي

البادية التي يشتد فيها الحر. وهكذا فإن المرادفَ لكلمةِ رمضان هو "حرقتان": حرقةُ الشوقِ إلى الله (في المنحى الروحاني) وحرقةُ الشوقِ إلى الطعامِ وسائرِ المفطِراتِ (في المنحى الدنيوي). وقد اتفقت المدارسُ الفقهيةُ الإسلاميةُ على هذا التعريفِ اللغوي المبدأي وإن اختلفتْ بعضُ شروطِها الشكليةِ في التطبيقِ العملي.. ولا بدَّ هنا من التأكيدِ على أنه إذا كان الصومُ في غيرِ هذا الإتجاهِ فهو باطلٌ إذ لا فائدةَ من صلاةٍ وصومٍ وزكاةٍ ما لم تُنهِ الانسانَ عن المنكرِ وخلافِه من الأعمالِ..

الملاحظُ في سلوكِ الناس اليومَ، باستثناءِ القلةِ من المؤمنين الأتقياء، أنه رَغمَ صومِهم وانقطاعِهم عن الأكلِ والشرابِ، يقومون بمجموعةٍ من العاداتِ لا تتصلُ بجوهرِ الصومِ بشيء كالمغالاةِ في الإنفاقِ لتحضيرِ أفخرَ المأكولاتِ والحلوياتِ أو التلهّي بمشاهدةِ البرامجِ والمسلسلاتِ التلفزيونيةِ التي باتتْ تُنتَجُ في كل سنةٍ خصيصاً للسهراتِ الرمضانيةِ، وإلى ما هنالك من مشاغلَ دنيويةٍ أخرى. وكل ذلك لكي يتناسوا ألمَ العطشِ والجوعِ بانتظارِ ساعةَ الإفطارِ.. وهكذا، مع الأسف، فقد تحولتْ تلك العاداتُ إلى عباداتٍ وتمَّ التخلي عن الجوانبِ الروحانيةِ الأساسيةِ.

في احتفالِ تأبينِ وتكريمِ المغفور له د. يوسف مروّه الذي أقمناه عام 2019، اقترحَ الصديقُ سماحةُ الشيخ علي السبيتي تأليفَ لجانٍ تثقيفيةٍ تضطلعُ بتظهيرِ دورَ المبدعين العربْ الذين كانت لهم بصماتٌ نافرةٌ في حضارةِ بني الإنسانِ ليكونَ المثالَ والقدوةَ الصالحةَ لناشئتنا العربيةِ في الوطنِ كما في المغترباتِ. يا حبذا لو نضيفُ فقرةً إلى برنامجِ اللجانِ هذه، إذا كانَ لها أنْ تبصرَ النورَ، تشرحُ معنى الأعيادِ والمناسباتِ العربيةِ بالمضمونين الدنيويِ

والروحانيِ، بدلاً من أن نتركَ الأمرَ مكشوفاً لتعددِ الشروحاتِ والاجتهاداتِ.

وإذ أنَّ الحديثَ فيما نقولُ قد يطولُ.. نكتفي بما تقدَّمَ.

رمضانٌ مباركٌ على الجميعِ وسعيٌ مقبولٌ مع أصدقِ التمنياتِ بأن يشمُلَنا الله جميعاً بحلمِه وعطفِه.. وكلُّ عامٍ وأنتم جميعاً بخير!

❖

الأضحى كما أفهمه..

2021/07/10

قلت في نظرتي لعيد الأضحى المبارك إنه، بخلاف الشروحات المتعددة والمختلفة، هو سلوك عرفاني في مواجهة الذات لبلوغ رحاب الله. فالمؤمنُ، من أي مذهب أو دين، يتعدى المنظورَ الحسي إلى المنظورِ الروحاني في مساءلة ذاتية، مؤكداً بما أوتيَ من اتساعٍ في المعرفةِ ونفاذٍ في الرؤيةِ، أن اقترانَ هذه الحقيقةِ بالمرتجى الأسمى هو التحققُ بروح الله.. وتبقى الحرية أهم ما ينتجه الإنسان في سلوكه العرفاني بحيث يتفاعل معها وهي تغرد داخل سربها الاجتماعي الطبيعي ويرفض كل ما يعرّض هذا التناغم الإنساني إلى الزعزعة.

قصدت ذكر المؤمن، من أي مذهب أو دين، للتأكيد على أن المنظور العرفاني لا يتميز به إنسان دون الآخر. فهو حالة من السلوك الماورائي أو الاستشراق الروحاني أياً كان المعتقد الديني. والواضح أن الله لم يمنح القدرة على بلوغ الحالة هذه لإنسان دون الآخر وإلا انتفت عنه صفة العدالة والمساواة. وإذا كان للبعض أن يرى تخصيصاً في بلوغ المسلك العرفاني، فهذا ليس من تدبير إلهي وإنما هو الإنسان من وضع الحواجز بينه وبين الآخرين عملاً بتفسيرات دينية قد تكون مغلوطة وظنها حقيقةً.
فإذا كان الله يعرف أولياءه حق معرفة، كما يدعي البعض، فلماذا يعطى المؤمن مساحةً لمساءلة الذات والعودة إلى تحريرها من الشوائب؟ وهذه المساءلة يجريها الإنسان بدافع روحاني شخصي لا علاقة فيه لمعتقده الديني. وهنا يمكن التمييز بين المؤمن المتمسك بتعاليم الله وغيره من المؤمنين بحسب توجيهاتهم الدينية.

وأما السلوك العرفاني فهو ميزة الإنسان في تحديد علاقته بالباري تعالى من ناحية، وبأخيه الإنسان من ناحية أخرى. (أياً كان هذا الإنسان). وإذا كان المؤمن مقيداً بالسلوك الروحاني ولا يمكن بالتالي زعزعته، فليس هناك من فرق بينه وبين الآخرين من الناس طالما أن جميع المؤمنين مقيدون بذات التعاليم. وإلا كيف نفسر الآية التي تجزم أن "أكرمهم عند الله أتقاكم".

يتحجج البعض في سلوكهم بما جاء في الكتب السماوية بحيث يبررون كل ما يفعلونه تماشياً مع كتاب الله. وهنا تكمن المعضلة الكبيرة إذ يجب أن نعمل على تفسير ما أوردته الكتب الدينية بما يخدم الإنسانية جمعاء وليس بما يخدم مجموعة واحدة من الناس. والتمييز بين فئات الناس هو نهج عنصري لا يقبل به الله فكيف نقبل به نحن بحجة أننا وحدنا أصحاب العقيدة الثابتة.

إننا نغرد داخل السرب القويم عندما ننظر إلى الآخرين كما ننظر إلى ذواتنا. وإن كنا نتفوق على الآخرين بفهمنا الروحاني مرحلياً، فهذا لا يعني الوقوف بوجه الراغبين في المعرفة متى اكتملت لديهم الصورة وبانت لهم الطريق. فالتوحيد هو ملاذ المؤمنين من أي مذهب أو دين، ليكون في متناول أيٍ كان من الناس عندما تشع في نفسه أضواء المعرفة.

يأتي الأضحى في كل سنة ليذكرَنا بسذاجتنا وتمسكنا بتقليد بالٍ مرَّ عليه الزمن، وكثيرون منا لا يعرفون له معنىً سوى أنه واجبٌ علينا أملته اللياقات الاجتماعية في إطار العادات والتقاليد المعمول بها في عالمنا المتخلف.

لقد آن لنا أن نخرج من هذه العادة الفارغة من كل مضمون، لننتقل إلى ما يعنيه العيد فعلاً..

لقد آن لنا أن نرى في "الأضحى" أبعدَ من يومه "المبارك" وأعمقَ من تمنياته "العطرة" المتطايرة هنا وهناك لندركَ أنه يعني العودة إلى الذات ومساءلة النفس والضمير..

- ماذا فعلنا من أجل شبابنا وأطفالنا المشردين على مساحات الوطن..؟
- ماذا هيأنا لإنقاذ أهلنا من آلام المرض والحاجة والضياع..؟
- ماذا أعددنا لنرقى بمجتمعنا إلى مصاف المجتمعات الحضارية غير التبخير والتبجيل في الشعر والأغاني؟

إن الواجب الذي ينتظرنا هو عمل يومي متواصل وفيه يكمن معنى الأضحى الحقيقي..

فإذا كان لنا أن نردد صلاتنا كل يوم لننتصر على ذاتنا وينتصر الوطن، فذلك هو طريقنا للخلاص وتلك هي صلاة العيد..

هنيئاً للشيخ سامي إبي المنى تسلُّم المقام

30/09/2021

"الحوار هو السبيل الأرقى لتحقيق السلام"

هذا هو شعار الشيخ الدكتور سامي أبي المنى الذي تم اختياره مؤخراً بالتزكية لتولي منصب شيخ عقل طائفة الموحدين الدروز خلفاً لسماحة الشيخ نعيم حسن.

أديب وشاعر حارث برؤاه المعاني والقوافي. مربٍ تربّى على تعاليم التوحيد والعرفان فنقلها إلى طلابه بالتقوى والإيمان. موسوعة مكمَّلة بالعلم والثقافة والأخلاق، كانت زاداً للحوار الراقي بين الأديان وعاملاً أساسياً للمصالحة بين مختلف الطوائف.

قامة فريدة متعددة المواهب والاتجاهات التي تصب في خير الإنسان ورقيّه وهو القائل: "الدينُ واحدٌ وغايته الإنسان ولو تعددت التسميات".

عضو المجلس المذهبي لطائفة الموحدين الدروز ورئيس اللجنة الثقافية فيه لأكثر من عشر سنوات. حائز على دكتوراه في العلوم الدينية بتقدير جيد جداً وماستر في العلاقات الإسلامية المسيحية من جامعة القديس يوسف في بيروت. وإلى جانب هذا فقد منحته الجامعة توصية بالنشر في موضوع الحوار الإسلامي المسيحي –

لبنان، وكان كتابه "الحوار الإسلامي المسيحي – رؤية الموحدين الدروز" حيث خلص إلى القول: إن الحوار هو السبيل الأرقى لتحقيق السلام وإنه القيمة الملازمة لأبناء طائفة الموحدين الدروز في حياتهم وتعاملهم اليومي، واكتشفت أنه لا بديل عن الحوار والمصالحات والقبول بالآخر.

هنيئاً لطائفة الموحدين الدروز بتولي الشيخ الدكتور سامي أبي المنى منصب شيخ العقل. مناقب عالية ومزايا علمية راقية لتولي هذا المنصب بالذات، قلما تجتمع في شخص واحد. والأكثر من هذا أنه جاء بالتزكية عملاً بقانون المجلس المذهبي الذي يقضي بأن يقترح عشرة أعضاء منه تسمية مرشح لتولي المنصب. وحصل أنه لم يُطرح أي إسم آخر واعتبر الدكتور أبي المنى مرشح التزكية ثم الفائز بالتزكية.

فمع هذا الاستحقاق التاريخي، يجب أن يتوقف أبناء الطائفة المعروفية الكريمة عنده بالتهنئة والتبريك، واعتباره بداية صفحة جديدة من العلاقات الأخوية والاجتماعية فيما بينهم لما يحقق الخير والصالح العام. ولنردد القول: هنيئاً للمقام بتسلُّمِ الشيخ سامي وهنيئاً للشيخ سامي وقد تسلَّمَ المقام.

❖

الفهرس

المقدمة..7

وسقطت كل الرهانات..11

بيت التوحيد.. بيت لكل العرب...................................13

بيت التوحيد في إدمنتن..17

الإنسان في لبنان ينتمي إلى وطن................................23

التوحيد والمذاهب الاسلامية....................................29

موانع الزواج عند الموحدين (الدروز).............................45

من تورنتو مع أطيب التمنيات...................................53

شخصيات درزية في القرن العشرين..............................59

سلطان باشا الأطرش: صفحة مشرقة في التاريخ العربي............61

الشيخ نسيب مكارم: عرفانية الحرف لبلوغ الروح..................71

الشيخ نايف تلحوق: خفة الروح والبساطة في التعبير 77

الوفاق الوطني: وصية الشيخ الجليل................................ 83

الأمير شكيب أرسلان والدفاع عن لبنان 87

كمال بك جنبلاط.. الفيلسوف في خياراته الروحية 97

الشيخ سعيد تقي الدين: الفكر الحاضر المغيب 111

د. حسن أمين البعيني: الحقيقة الموثقة 129

التوحيد ملاذ المؤمنين من كل مذهب أو دين 135

لماذا الصوم في رمضان 141

الأضحى كما أراه 147

هنيئاً للشيخ سامي أبي المنى تسلم المقام 151

المؤلف: محطات إعلامية واجتماعية

النشاطات الإعلامية:

- مؤسس ورئيس المركز الاستشاري للإعلام
- ناشر ورئيس تحرير مجلة "أضواء"
- ناشر ورئيس تحرير جريدة "الجالية" (2005 – 2015)

النشاطات الاجتماعية:

- عضو مركز الجالية العربية الكندية في تورنتو
- عضو مؤسس لجامعة اللبنانيين الكنديين
- عضو الاتحاد العالمي للمؤلفين باللغة العربية – فرع كندا
- رئيس سابق لمجلس الصحافة الاثنية في كندا
- رئيس سابق لرابطة الإعلاميين العرب في كندا
- مؤسس ورئيس مركز التراث العربي في كندا
- مؤسس ورئيس المهرجان الكندي المتعدد الثقافات
- مؤسس ورئيس رابطة المؤلفين العرب في كندا

الجوائز التقديرية:

من قبل الجهات الرسمية والأهلية التالية:

- رئاسة الحكومة الكندية الفدرالية
- رئاسة حكومة أونتاريو
- بلدية تورنتو الكبرى
- مركز الجالية العربية في تورنتو
- مجلس الصحافة الإثنية في كندا
- الجمعية الدرزية الكندية في أونتاريو
- رابطة المسلمين التقدميين في كندا
- رابطة الأطباء العرب في شمال أميركا
- الإتحاد العالمي للمؤلفين باللغة العربية - فرع كندا
- جمعية "عالم إنسان بلا حدود" – بيروت، لبنان

صدر للمؤلف

- كتاب "الأبله الحكيم"
الطبعة الأولى (1974) الطبعة الثانية (2009) الطبعة الثالثة (2011)

- كتاب "أصداء وأضواء" (1978)

- كتاب "كلمات بلا حواجز"
الطبعة الأولى (2009) الطبعة الثانية (2011)

- كتاب "أوراق حائرة"
الطبعة الأولى (2009) الطبعة الثانية (2012)

- كتاب "بيت التوحيد بيت العرب"
الطبعة الأولى (2009) الطبعة الثانية (2022)

- كتاب "الوصايا العشر"
الطبعة الأولى (2011) الطبعة الثانية (2013)

- كتاب "سقوط الجمهورية" (2013)

- كتاب "أقلام صادقة" – الجزء الأول (2014)

- كتاب "أقلام صادقة" – الجزء الثاني (2014)

- كتاب "يوسف مروّه"
"التبادل الثقافي بين الشرق والغرب" (2019)

- كتاب "سعيد تقي الدين"
"الفكر الحاضر المغيّب" (2020)

- كتاب "إضاءات" (2021)

- كتاب "وجهة سير" (2022)